우주 비행사는 무슨 일을 할까?

롭 로이드 존스, V. M. 윌리엄스 글
애덤 올서치 보드먼, 제럴딘 시 그림
루시 웨인, 스테프 힌턴, 맷 프레스턴 디자인
신인수 옮김

UK Space Agency(영국 우주국) 감수

더 많은 정보를 얻고 싶다면

어스본 바로가기(usborne.com/quicklinks)에 방문해서 검색창에 'What do Astronauts do?'를 입력해 보세요. 우주 비행사가 일하는 모습과 다양한 우주선의 내부를 볼 수 있고, 우주 탐험에 관한 최신 소식도 알 수 있어요.

어스본 바로가기에서는 다음과 같은 활동들을 해 볼 수 있어요.

· 우주 비행사가 우주에서 식사하는 모습 보기
· 미국 항공 우주국이 만든 가장 강력한 로켓이 이륙하는 장면 보기
· 우주 비행사를 달과 화성에 보내는 프로젝트에 대해 배우기

어스본 출판사는 '어스본 바로가기' 이외의 정보 이용에 대한 법적 책임을 지지 않습니다. 어린이가 인터넷을 사용할 때에는 반드시 보호자께서 지켜보면서 지도해 주세요.

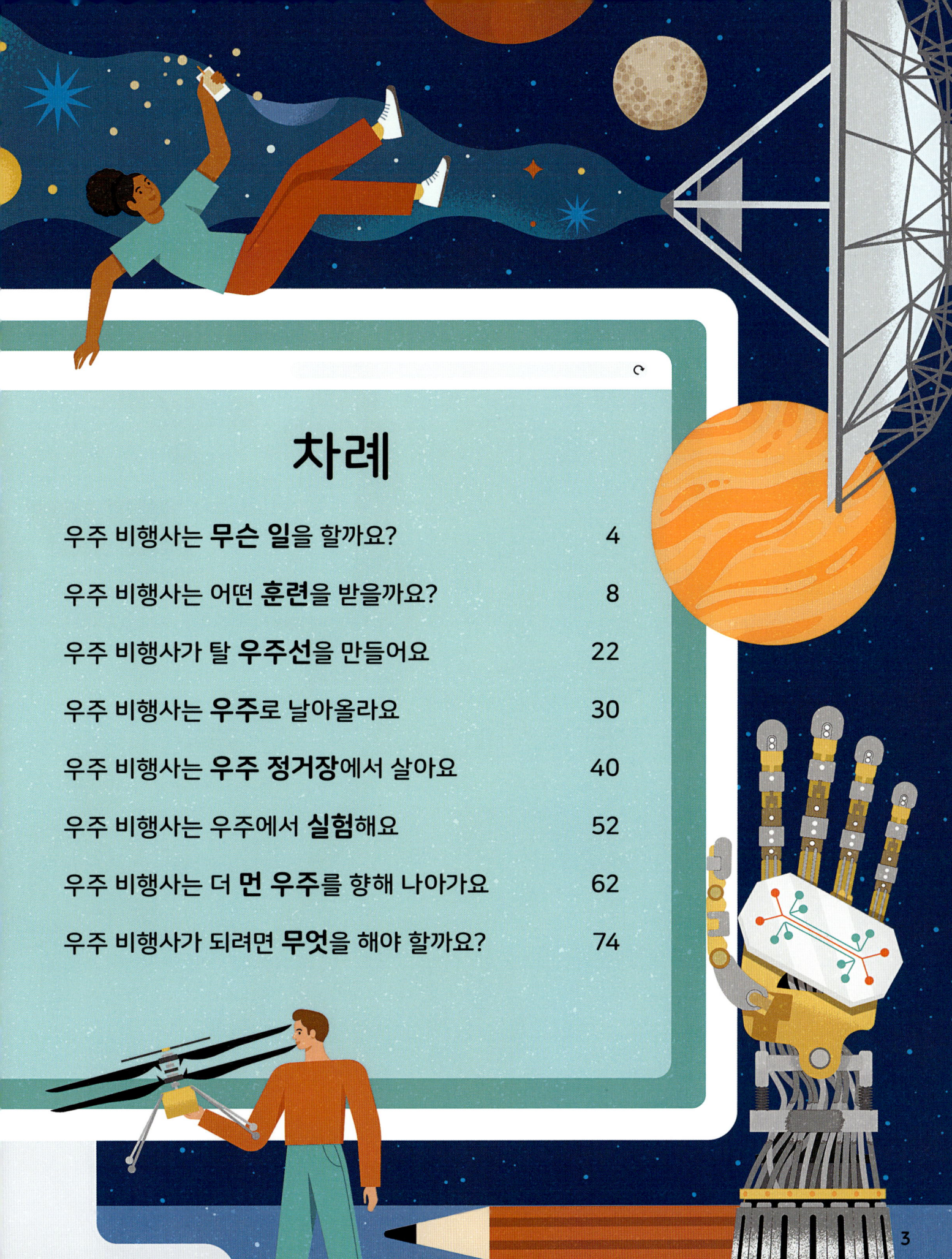

차례

우주 비행사는 **무슨 일**을 할까요? 4

우주 비행사는 어떤 **훈련**을 받을까요? 8

우주 비행사가 탈 **우주선**을 만들어요 22

우주 비행사는 **우주**로 날아올라요 30

우주 비행사는 **우주 정거장**에서 살아요 40

우주 비행사는 우주에서 **실험**해요 52

우주 비행사는 더 **먼 우주**를 향해 나아가요 62

우주 비행사가 되려면 **무엇**을 해야 할까요? 74

우주 비행사는 무슨 일을 할까요?

우주를 탐험하러 우주선을 타고 날아가는 꿈을 꾼 적 있나요? 우주 비행사가 되면 진짜로 우주선을 타고 날 수 있어요.

우주가 좋기는 하지만 그래도 지구에 있는 게 더 좋다고요? 우주 비행사와 탐사 장비를 우주에 보내기란 무척 어려운 일이에요. 여러 사람이 **커다란 팀**을 이뤄 힘을 합해야만 해낼 수 있죠. 그중에는 여러분에게 딱 맞는 일도 있을 거예요.

우주와 관련된 직업은 사실 아주 많아서, 우주에 관한 일을 통틀어 **우주 산업**이라고 해요.

이 순간에도 많은 사람이 우주와 관련된 다양한 일을 하고 있어요.

우주에서 살면 우리 몸에는 어떤 문제가 생길 수 있을까?

로봇이 우주선을 조종할 수 있을까?

우주 비행사가 되면 어디서 일할까요?

우주 비행사가 되면 항공 우주국이나 항공 우주 연구원에서 일해요.
항공 우주국은 우주 탐험을 담당하는 정부 기관이지요.
어느 기관에서 일할지는 사는 나라에 따라 달라져요.

미국 항공 우주국 (NASA)

미국 항공 우주국은 세계에서 규모가 가장 큰 우주 기관이에요. 짧게 '나사'라고 부르지요. 미국이 하는 모든 우주 탐사를 담당해요. 지구 궤도를 도는 거대한 과학 실험실인 국제 우주 정거장을 여럿 지었어요. 태양계를 탐험할 새로운 우주 탐사 계획도 세워요.

미국 항공 우주국은 1969년에 세계 최초로 사람을 달에 보냈어요.

여러분이 미국에서 우주 비행사가 되기 위한 훈련을 받는다면, 텍사스주 휴스턴에 있는 미국 항공 우주국 본부에서 오랫동안 지내야 할 거예요.

훈련이 끝나면 플로리다주에 있는 발사대에서 쏘아 올리는 우주선을 탈 거예요.

유럽 우주국 (ESA)

유럽 우주국은 유럽의 22개 국가들이 운영해요. 영국 항공 우주국을 비롯한 다른 많은 우주 기관과 함께 일하지요. 국제 우주 정거장을 짓는 데 참여했고, 다른 행성과 위성을 탐사하기 위해 우주선을 보내요.

유럽 우주국 본부는 프랑스 파리에 있어요.

러시아 연방 우주국 (ROSCOSMOS)

로스코스모스는 우주 관련 활동을 하는 러시아 기관이에요. 러시아에서는 우주 비행사를 **코스모넛**이라고 불러요. 러시아 연방 우주국은 국제 우주 정거장의 일부를 지었고, 모스크바 가까이에 있는 훈련 기지에서 우주 비행사들을 훈련해요.

중국 국가 우주국 (CNSA)

중국에서는 우주 비행사를 **타이코넛**이라고 불러요. 중국 국가 우주국은 톈궁(하늘 궁전이라는 뜻)이라는 우주 정거장을 지었어요. 톈궁은 지구 궤도를 따라 돌아요.

일본 우주 항공 연구 개발 기구(JAXA)

일본의 우주 기관인 작사는 인공위성을 궤도에 보내고 우주여행을 위한 새로운 기술을 개발해요. 그리고 소행성과 달을 탐사할 계획을 세워요.

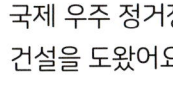

일본 기관도 국제 우주 정거장 건설을 도왔어요.

꼭 우주 비행사가 아니더라도 우주 산업 분야에서 일하고 싶다면, 여러분이 선택할 수 있는 일은 더 많아요.

정부의 우주 기관은 대규모 우주 탐사 계획을 진행하니까요. 또한 우주를 연구하고 새로운 기술을 개발하려는 대학과 기업도 많아요.

우주 기관에서는 새로운 우주 비행사를 모집해요. 여기에 지원하려면 열심히 공부하고 체력을 길러야 해요.

다행히 우주 비행사 훈련생으로 뽑힌다면, 이제 겨우 첫걸음마를 뗀 것뿐이에요!

우주 비행사는 어떤 훈련을 받을까요?

축하해요! 우주 비행사 훈련생으로 뽑혔군요. 앞으로 3년이 넘는 기간 동안, 전문가 팀과 함께 우주에서 활동하고 살아남는 데 필요한 모든 기술을 배울 거예요.

전문 훈련 교관은 우주선을 조종하는 법부터 황무지에서 살아남는 법까지 새로운 기술을 가르쳐요.

체력 훈련 교관은 훈련생이 우주 비행을 하기에 적합하면서 강한 체력을 갖출 수 있도록 훈련시켜요.

잠수 전문가는 물속에서 하는 훈련을 도와요.

우주복 디자이너는 우주 비행사들이 우주에서 입을 우주복에 대해 가르쳐요.

기초 훈련

우주 비행사 훈련장에 오신 것을 환영합니다. 가장 먼저 **기초 훈련**을 해요. 기초라고 해서 뻔한 게 아니라 무척 흥미로운 훈련이에요. 우주 비행을 준비하는 동안 **전문 훈련 교관**이 함께해 줄 거예요.

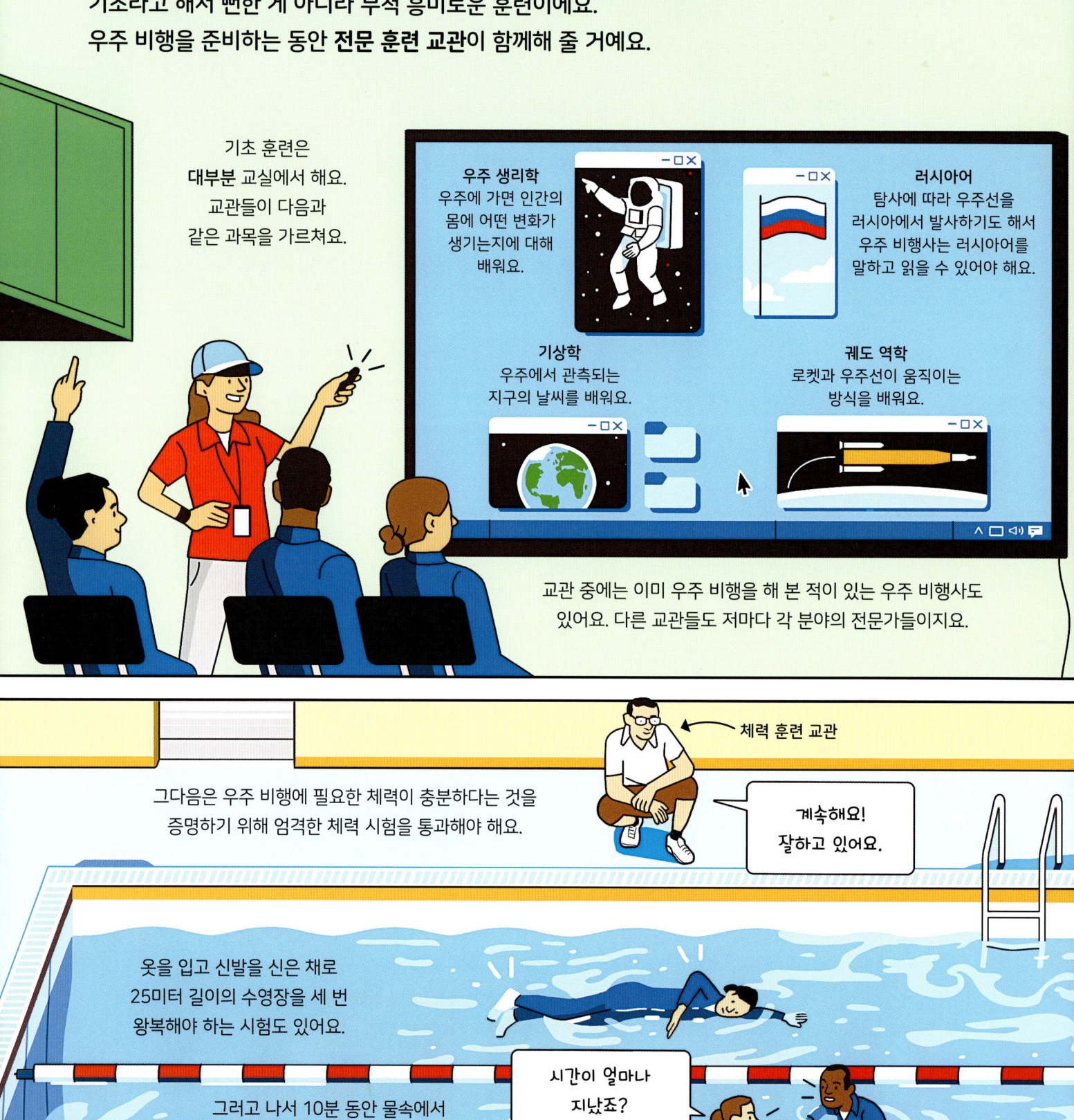

기초 훈련은 **대부분** 교실에서 해요. 교관들이 다음과 같은 과목을 가르쳐요.

우주 생리학
우주에 가면 인간의 몸에 어떤 변화가 생기는지에 대해 배워요.

러시아어
탐사에 따라 우주선을 러시아에서 발사하기도 해서 우주 비행사는 러시아어를 말하고 읽을 수 있어야 해요.

기상학
우주에서 관측되는 지구의 날씨를 배워요.

궤도 역학
로켓과 우주선이 움직이는 방식을 배워요.

교관 중에는 이미 우주 비행을 해 본 적이 있는 우주 비행사도 있어요. 다른 교관들도 저마다 각 분야의 전문가들이지요.

체력 훈련 교관

그다음은 우주 비행에 필요한 체력이 충분하다는 것을 증명하기 위해 엄격한 체력 시험을 통과해야 해요.

계속해요! 잘하고 있어요.

옷을 입고 신발을 신은 채로 25미터 길이의 수영장을 세 번 왕복해야 하는 시험도 있어요.

그러고 나서 10분 동안 물속에서 선헤엄으로 떠 있을 수 있어야 해요.

시간이 얼마나 지났죠?

새로운 기술

기초 훈련을 하는 동안 교실 **밖**에서도 많은 것을 배워요.

전투기 조종 훈련

우주 비행사가 우주선을 조종하는 데 도움이 돼요.

화재 진압

우주에서 불이 났을 때 목숨을 구할 수 있을 거예요.

낙하산 타는 법

이륙하거나 착륙하는 도중에 우주선에서 빠져나와야 하는 응급 상황이 생길 수도 있어요.

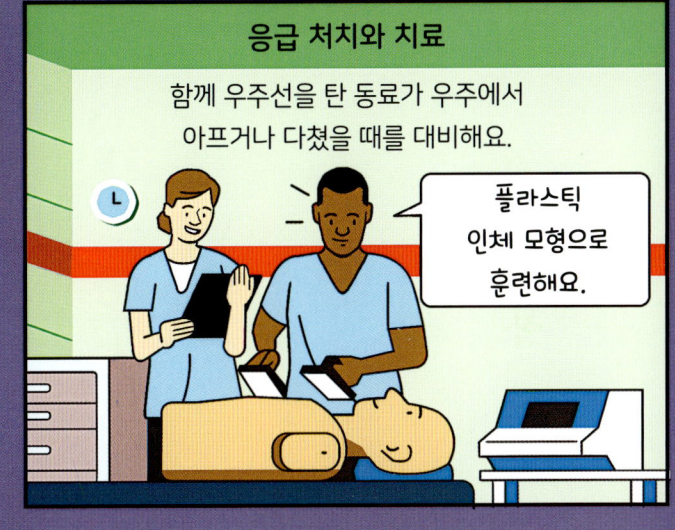

응급 처치와 치료

함께 우주선을 탄 동료가 우주에서 아프거나 다쳤을 때를 대비해요.

플라스틱 인체 모형으로 훈련해요.

사진 촬영

찰칵

우주에서 멋진 지구 사진을 찍을 수 있어야지요.

인터뷰 연습

사람들로부터 우주 비행에 관해 수많은 질문을 받게 될 거예요.

무엇이 궁금한가요?

생존 훈련

뭔가가 잘못되면 여러분이 탄 우주선이 저 멀리 떨어진 황무지 어딘가에 불시착할지도 몰라요. **생존 전문가**는 혹독한 환경에서 구조팀을 기다리는 동안 살아남는 방법을 가르쳐 줄 거예요.

언젠가 이 기술 덕분에 목숨을 구할 겁니다.

훈련생들은 항공기를 타고 가다 외딴곳에 내려요. 그곳에서 군대에서 온 전문가에게 생존에 꼭 필요한 기술을 배울 거예요.

불 피우기

사냥과 낚시로 식량 구하기

임시 거처 만들기

역시 집이 최고야.

별을 보며 길 찾기

암벽 타기

강 건너기

극한의 추위에서 살아남기
얼음으로 뒤덮인 북극에서 며칠 동안 지낼 거예요. 덜덜덜.

빨리 불을 피워야겠어.

바다에 떨어져도 살아남기

지구 표면은 대부분 물로 뒤덮여 있어요. 그래서 비상 착륙을 할 때 바다 위에 떨어지는 경우가 많아요.

훈련생들은 먼바다로 나가서 물에 빠진 우주선에서 무사히 빠져나오는 방법을 배워요. 그다음에는 구명보트를 부풀리는 방법을 배워요.

내 손을 잡아요!

그리고 하늘을 날던 항공기가 그들을 발견하기 쉽도록 바닷물에 밝은색 염료를 풀어요.

지나가던 배에 구조되는 방법을 배워요.

헬리콥터에 구조되는 방법도 배워요.

훈련생들은 안전한 수영장에서 더 많은 생존 기술을 훈련해요. 낙하산을 벗는 방법과 물에 빠진 동료를 구조하는 방법도 배울 거예요.

바다 생존 훈련 교관

기계로 파도를 일으켜서 실제 상황처럼 만들어요.

기초 훈련이 막바지에 이르면 그동안 배운 내용으로 시험을 쳐요. 이 시험을 통과해야 다음 단계로 넘어갈 수 있어요….

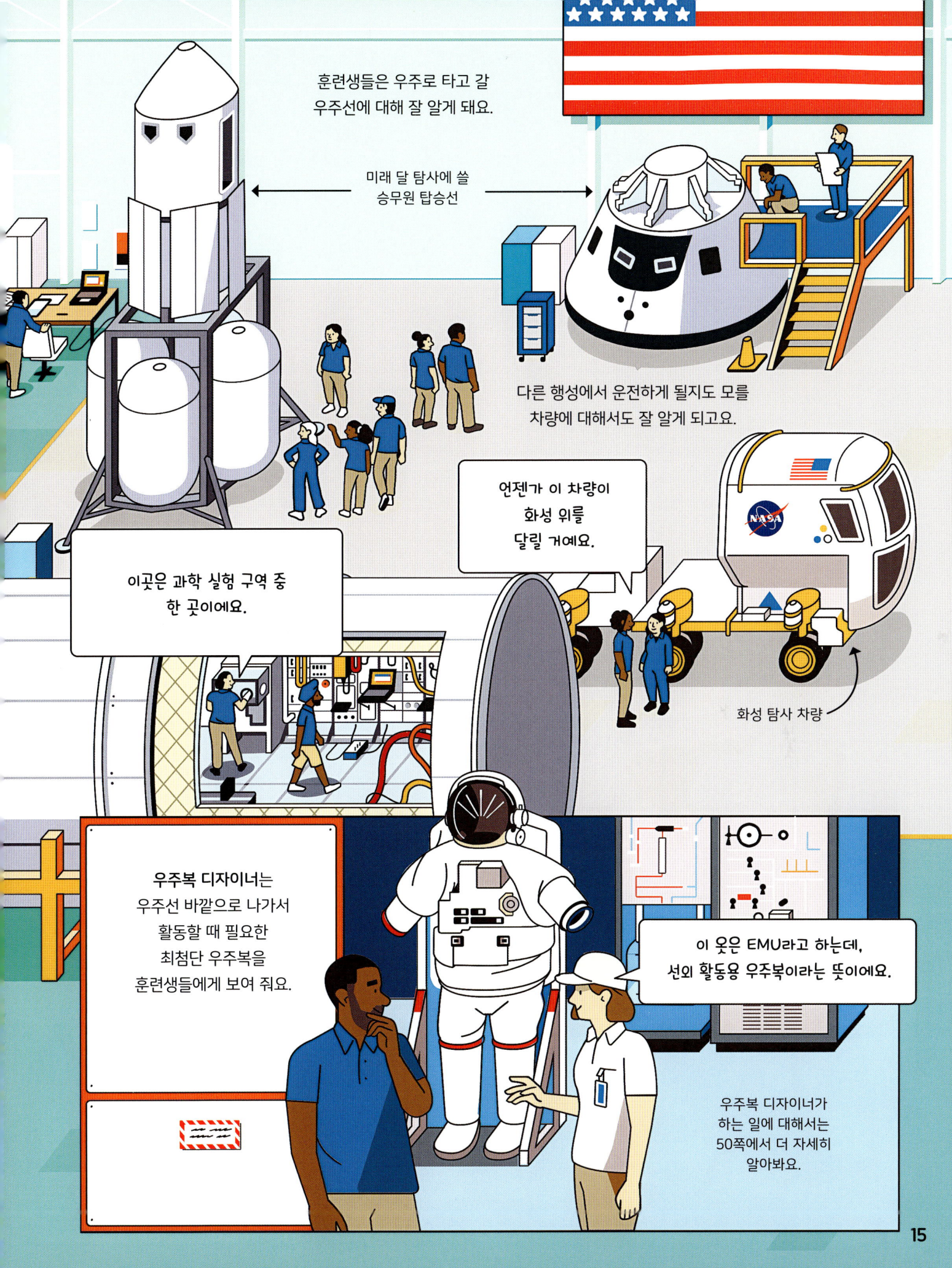

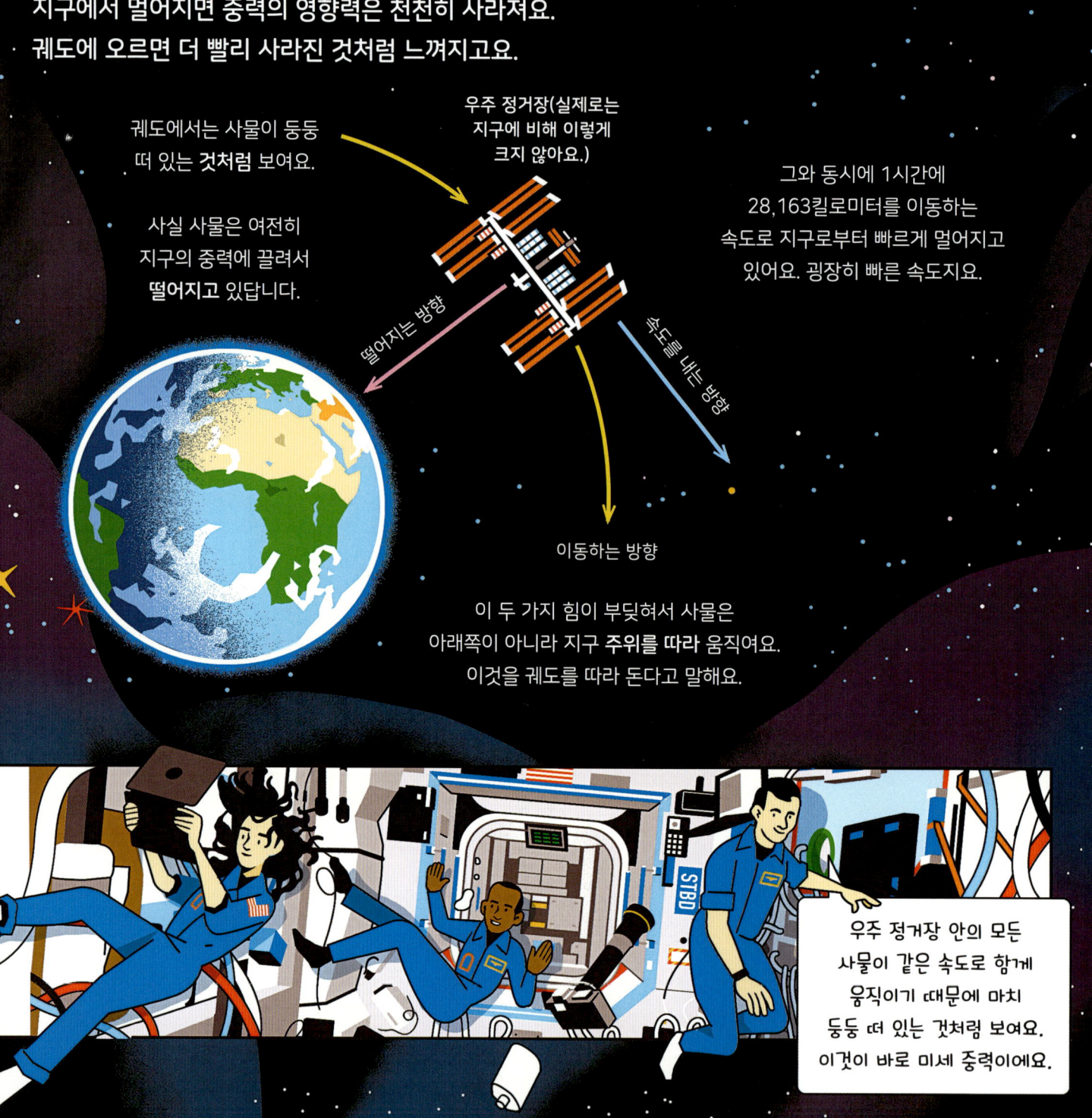

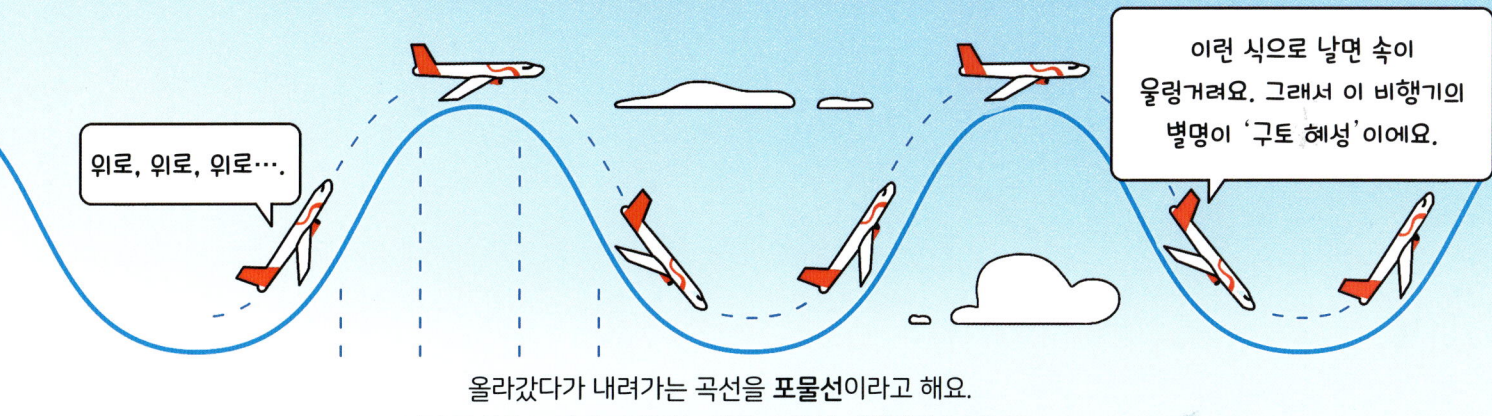

중앙 제어실에서

훈련 관리자들이 수조 속 훈련을 지켜보며 감독해요.

몇몇 관리자들이 산소 공급 장치를 비롯한 훈련 장비가 항상 잘 작동하는지 확인해요.

다른 관리자들은 훈련생들과 무선으로 소통하면서 물속 훈련 방법을 차근차근 안내해요.

훈련생 한 명마다 잠수 전문가 네 명이 함께 해요. 이들은 훈련생이 움직이고 장비를 사용할 수 있게 도와줘요. 그리고 모든 훈련 과정을 촬영해요.

잠수 전문가들은 훈련이 없을 때 우주선 모형을 책임지고 관리하는 일도 해요.

일 년에 두 번씩 **공학자**들은 수조에서 우주선 모형을 꺼내서 물속에 잠겨 있는 동안 화학 물질 때문에 손상된 부분을 교체해요.

이 부분은 그냥 깨끗이 닦으면 되겠어요.

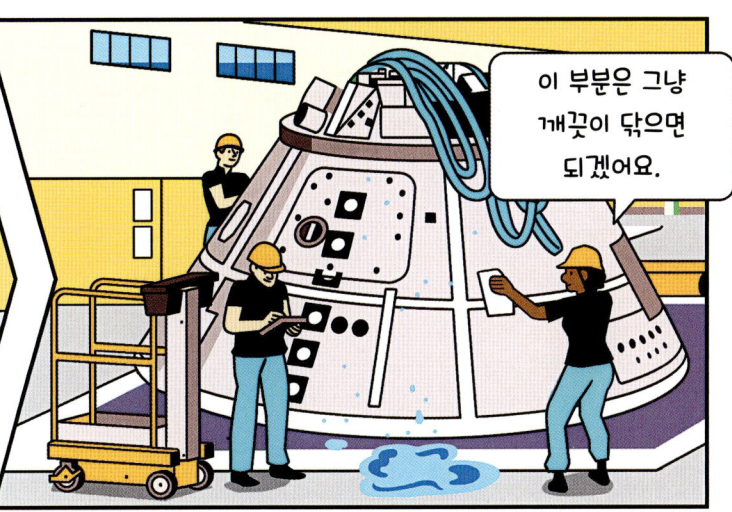

심해 훈련

더 많은 경험을 쌓기 위해 훈련생들은 '수중 탐험가'가 되어 세계에서 하나뿐인 수중 연구소 **아쿠아리우스**로 가요.

훈련생 네 명이 미국 플로리다의 해안에서 배를 타요.

이들은 바다에서 9킬로미터 떨어진 곳에 있는 커다란 부표로 이동해요.

"아쿠아리우스가 우리 밑에 있어요!"

부표에는 발전기와 탱크가 있어서 기다란 관을 통해 아쿠아리우스에 전기, 산소, 인터넷을 공급해요.

훈련생들은 잠수 장비를 착용하고 물속으로 들어가요.

"우리는 주거 공간에 달린 해치*로 들어갈 거예요."

* 사람이나 물건이 드나드는 문.

아쿠아리우스는 19미터 아래 해저에 있어요. 산호초와 수정처럼 깨끗한 물에 둘러싸여 있지요.

이곳은 앞으로 10일 동안 훈련생들의 숙소가 될 거예요.

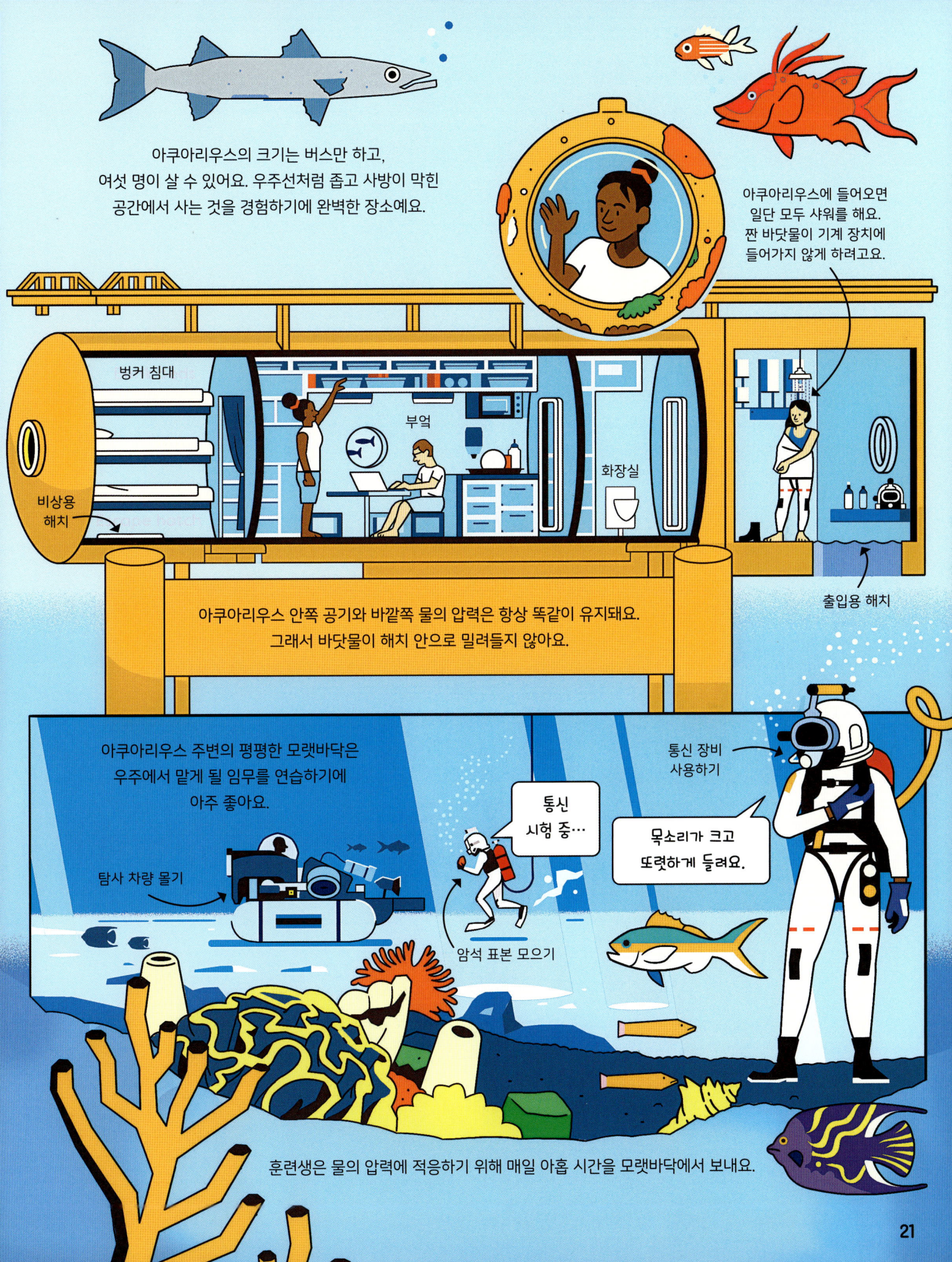

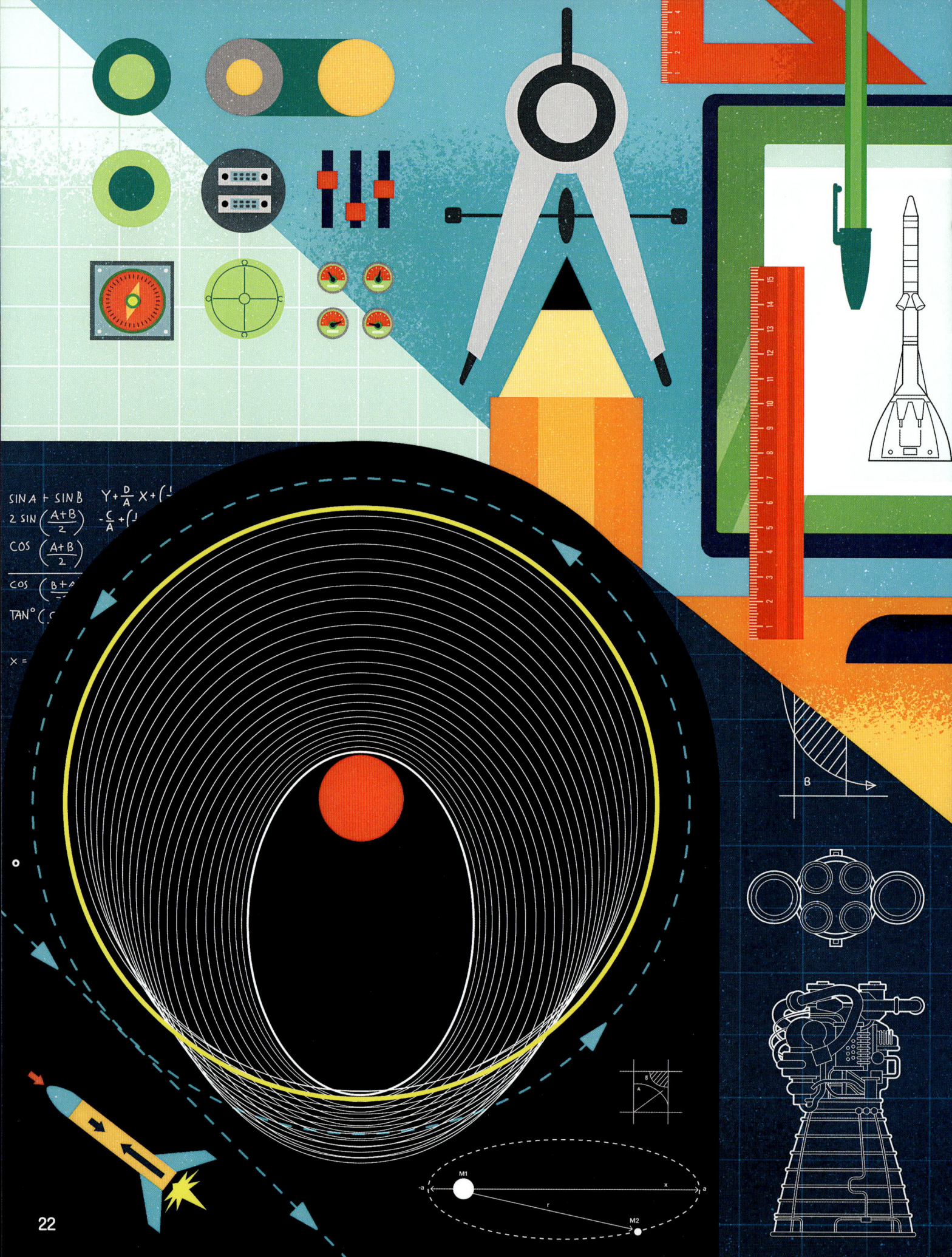

우주 비행사가 탈 우주선을 만들어요

우주 비행사가 훈련하는 동안 공학자와 기술자들은 우주 비행사들을 우주로 보낼 놀라운 우주선을 만드느라 바빠요.

항공 우주 공학자는 우주선과 로켓을 설계해요.

컴퓨터 공학자와 **기술자**는 우주선의 컴퓨터 시스템을 설계하고 만들어요.

기계 공학자와 **용접 공학자**는 우주선의 구조를 만들어요.

성능 시험 공학자는 우주선이 우주 비행을 하는 동안 받는 강력한 힘을 잘 처리하는지 확인해요.

로켓 과학

첨단 과학 기술에 흥미를 느끼나요?
새로운 승무원 탑승선부터 원격 우주 탐사선까지
놀라운 우주선을 만드는 일에 도전하고 싶나요?

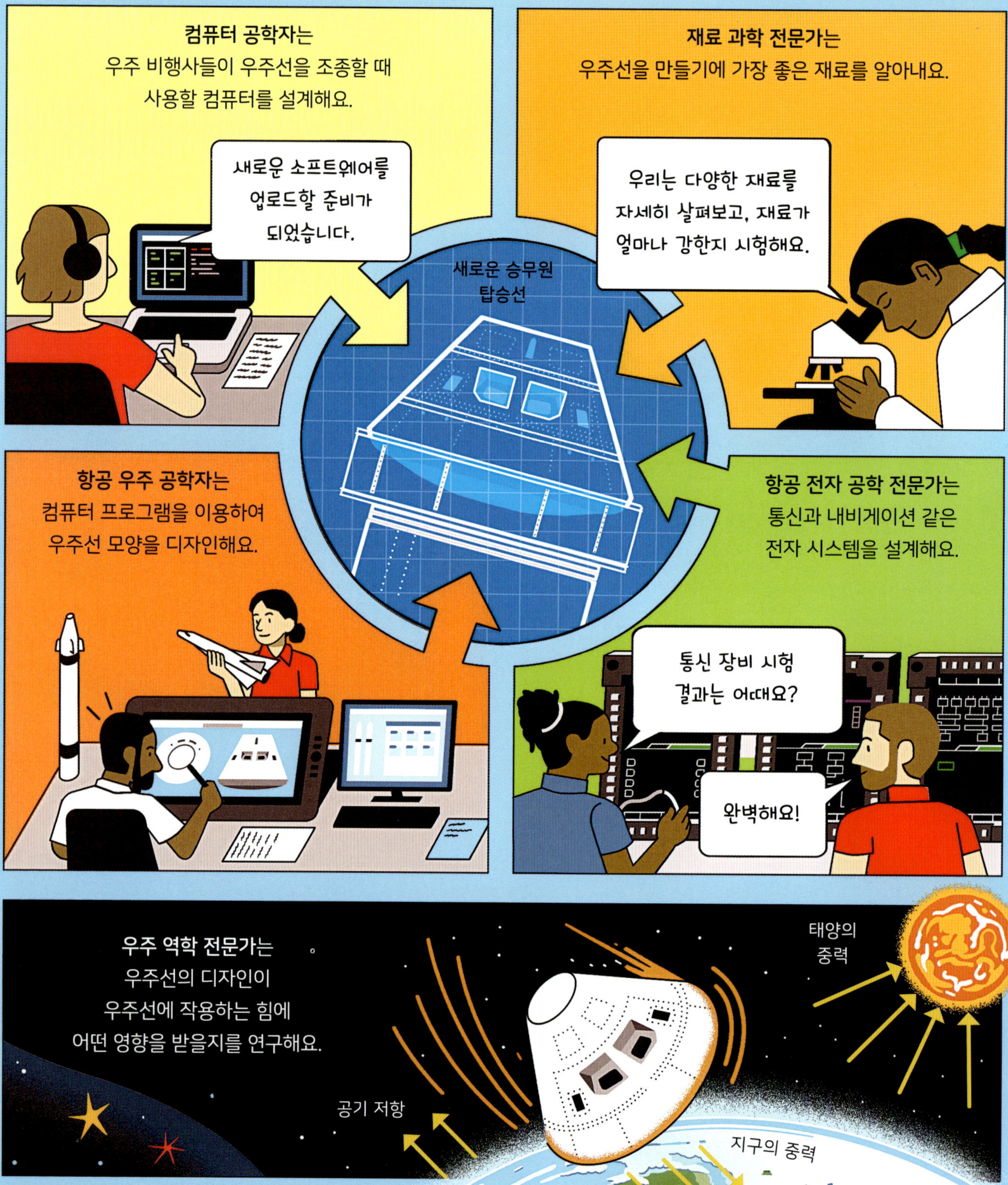

컴퓨터 공학자는
우주 비행사들이 우주선을 조종할 때 사용할 컴퓨터를 설계해요.

"새로운 소프트웨어를 업로드할 준비가 되었습니다."

재료 과학 전문가는
우주선을 만들기에 가장 좋은 재료를 알아내요.

"우리는 다양한 재료를 자세히 살펴보고, 재료가 얼마나 강한지 시험해요."

새로운 승무원 탑승선

항공 우주 공학자는
컴퓨터 프로그램을 이용하여 우주선 모양을 디자인해요.

항공 전자 공학 전문가는
통신과 내비게이션 같은 전자 시스템을 설계해요.

"통신 장비 시험 결과는 어때요?"

"완벽해요!"

우주 역학 전문가는
우주선의 디자인이 우주선에 작용하는 힘에 어떤 영향을 받을지를 연구해요.

태양의 중력

공기 저항

지구의 중력

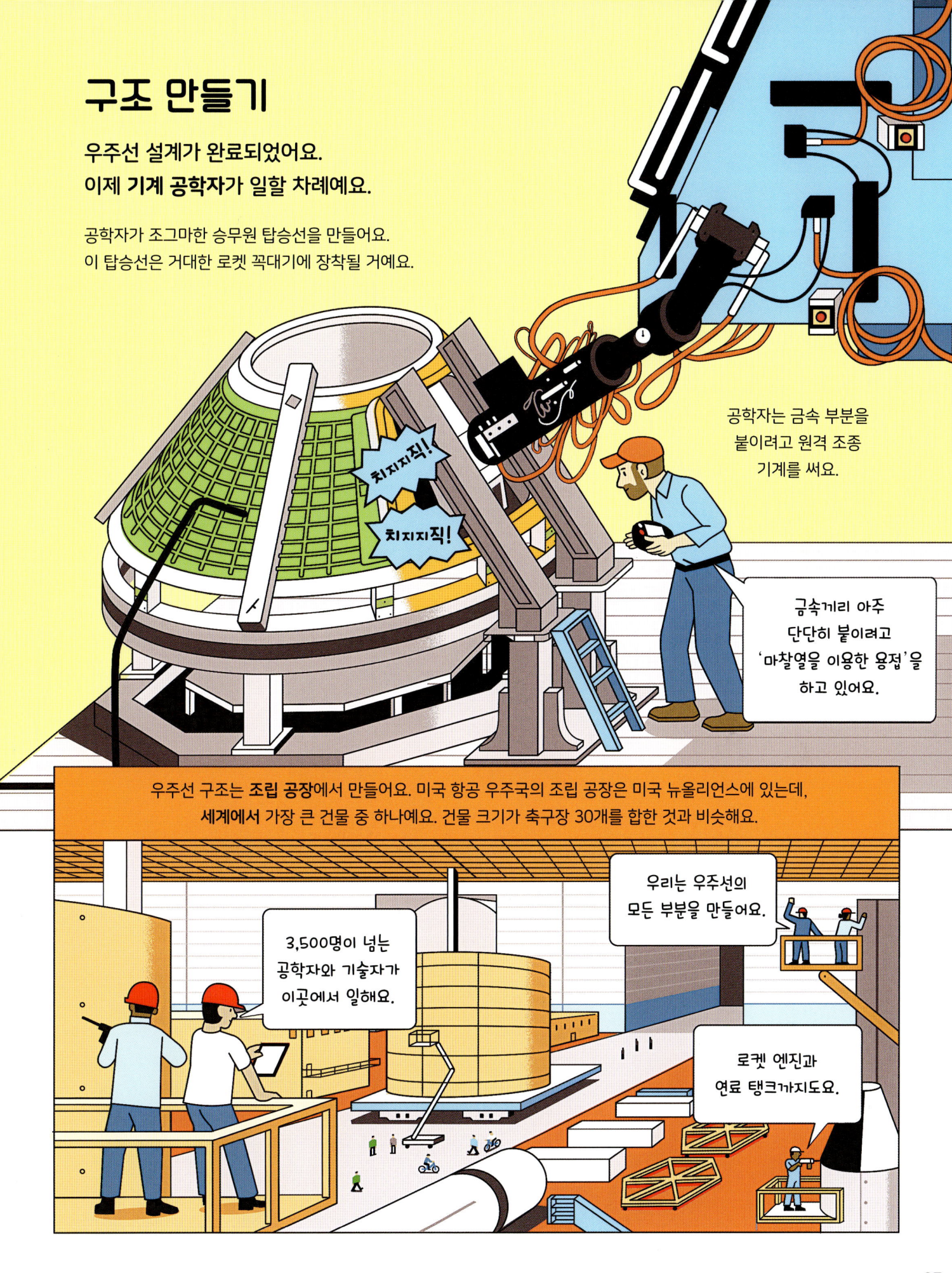

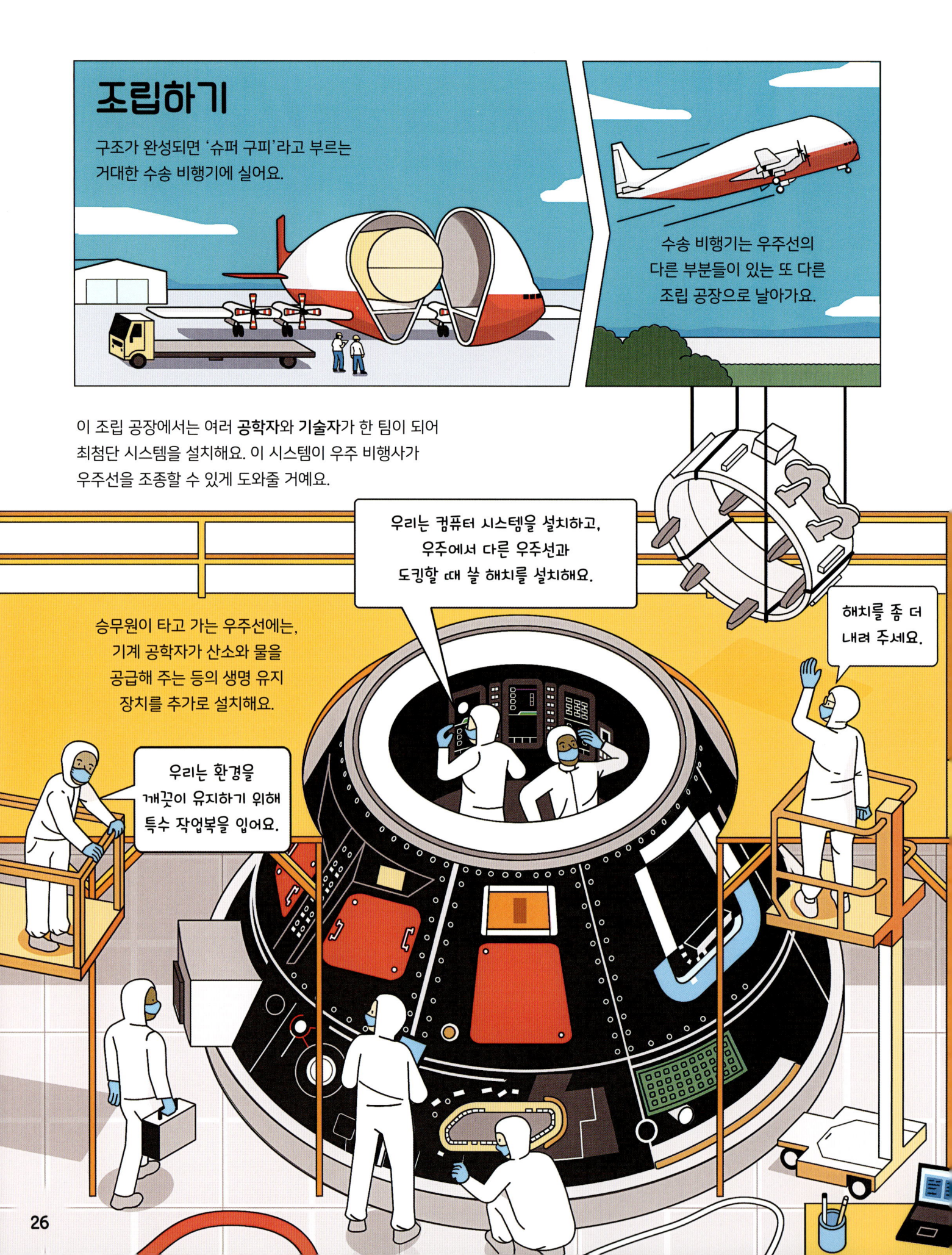

훨씬 더 많은 팀이 우주선을 우주로 보낼 로켓을 만들어요. 어떤 로켓은 똑바로 세워 놓고 조립해요. 그런 다음 **거대한** 크롤러 트랜스포터(로켓 발사대 운반용 차량)에 싣고 발사대로 옮겨요.

기계 공학자는 맨 앞에 있는 작은 조종석에서 크롤러 트랜스포터를 조종해요.

좋아요, 천천히 이동해요….

발사대까지 6킬로미터를 이동해요.

하지만 로켓은 발사대에서 가까운 기다란 창고에서 바닥에 수평으로 눕혀 놓고 조립하는 경우가 훨씬 더 많아요.

몇 부분만 더 조립하면 돼요.

27

비행 시험

우주선을 만들었다고 해서 우주로 날아갈 준비가 다 된 건 아니에요.
우주선은 발사되는 동안과 그 이후에 엄청난 압력과 압박을 견뎌야 해요.
그래서 **성능 시험 공학자**는 새로 제작하는 모든 우주선이
이런 압력을 잘 버티는지 확인하기 위해 엄격하게 안전을 점검해요.

소음 시험
우선, 기술자는 로켓 엔진이 발사될 때 극심한 소음으로 생기는 진동을 우주선이 어떻게 감당하는지를 점검해요.

우주선을 방음실에 넣고 소리를 아주아주 크게 울려요.

쿠르릉

진동 시험
그다음에, 우주선을 '셰이커'에 올려요. 셰이커는 강력한 지진이 일어난 것처럼 흔들리는 진동 테이블이에요.

우주선의 반응을 기록하는 측정기를 우주선에 붙였어요.

흔들흔들!

셰이커

낙하 시험
지구로 돌아온 우주선은 주로 바다에 착륙해요. 이때 우주선이 어떻게 되는지 시험하기 위해서 우주선을 높이 들어 올렸다가…

…물에 떨어뜨려요.

촤아아아악!

우주 시뮬레이션

우주선을 **정말** 철저히 점검하기 위해서, 성능 시험 공학자는 **우주 시뮬레이터**라는 방에 우주 공간을 재현했어요. 공학자들은 이 방이 오염되지 않도록 특수 작업복을 입어요.

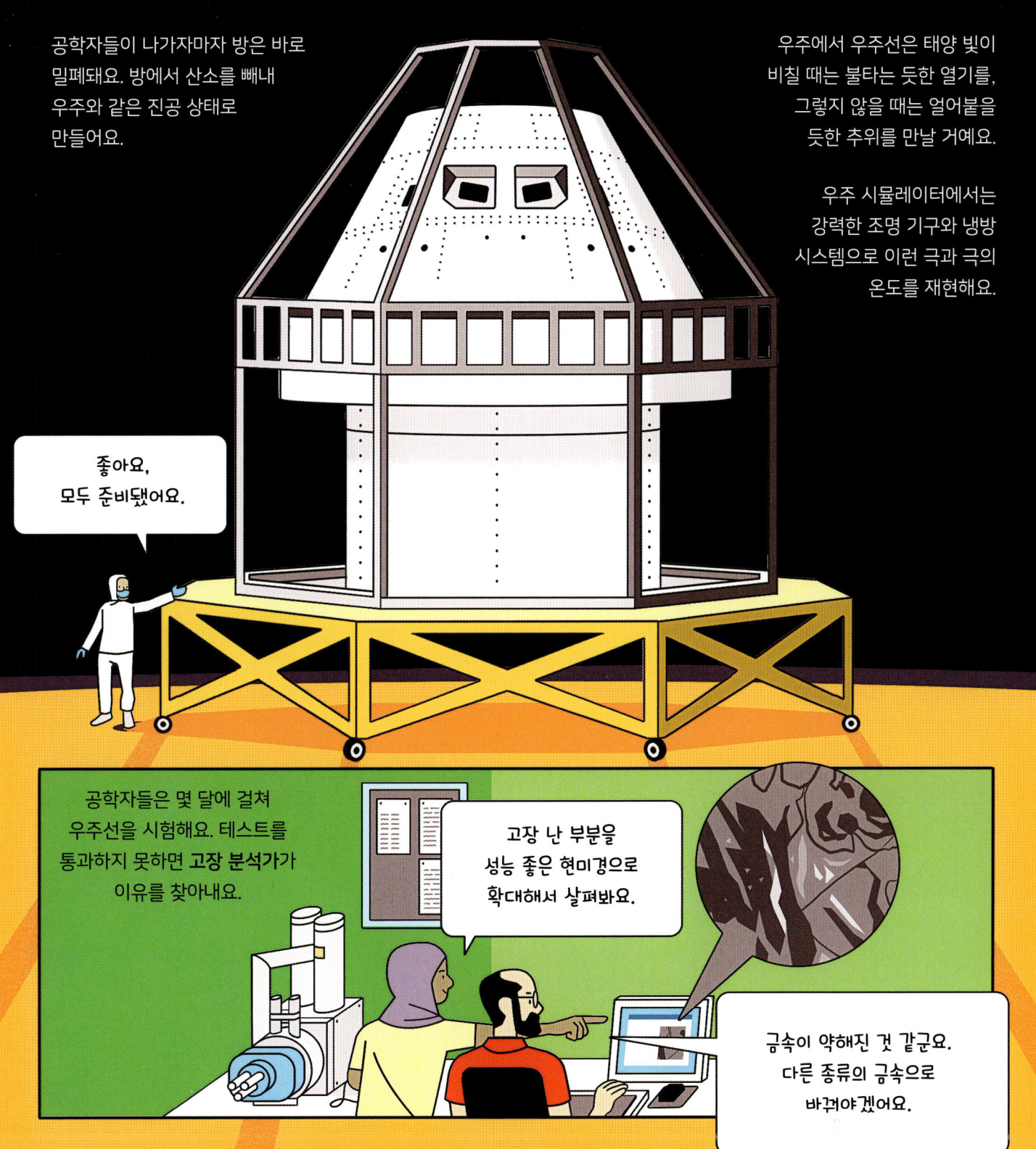

우주 비행사는
우주로 날아올라요

훈련도 끝났고 우주선도 준비되었어요.
마침내 우주 비행을 할 시간이에요. 로켓이 순조롭게 발사되도록
수많은 전문가 팀이 보이지 않는 곳에서 열심히 일해요.

발사 기술자는 우주선이 발사될 준비가 되었는지 점검해요.

우주복 기술자는 우주 비행사가 우주복을 입는 것과 관련된 일을 도와요.

연료 기술자는 로켓에 연료를 실어요.

발사 관제사는 우주선이 발사되는 가장 중요한 순간을 감독해요.

비행 관제사는 우주선이 우주로 발사되었다가 지구로 돌아오는 비행을 담당해요.

카운트다운 시작

마침내 그날이 왔어요. 곧 우주 비행사들이 우주로 날아갈 거예요. **발사 기술자 팀과 공학자들이** 로켓이 무사히 발사되도록 보이지 않는 곳에서 열심히 일해요.

발사 24시간 전

기다란 수송 차량이 조립 창고에서 발사 장소로 로켓을 싣고 와요.

로켓을 눕혀 나르는 수송 차량

로켓은 **엄청나게** 무거워요. 그래서 수송 차량은 이동하는 내내 공학자들의 안내를 받으며 **엄청나게** 천천히 움직여요.

10시간 전

발사대에 도착하면 수송 차량이 로켓을 발사 위치에 올 때까지 위로, 위로… 똑바로 세워요.

발사 기술자와 기계 공학자는 모든 장비가 제자리에 잘 있는지 발사대를 점검해요.

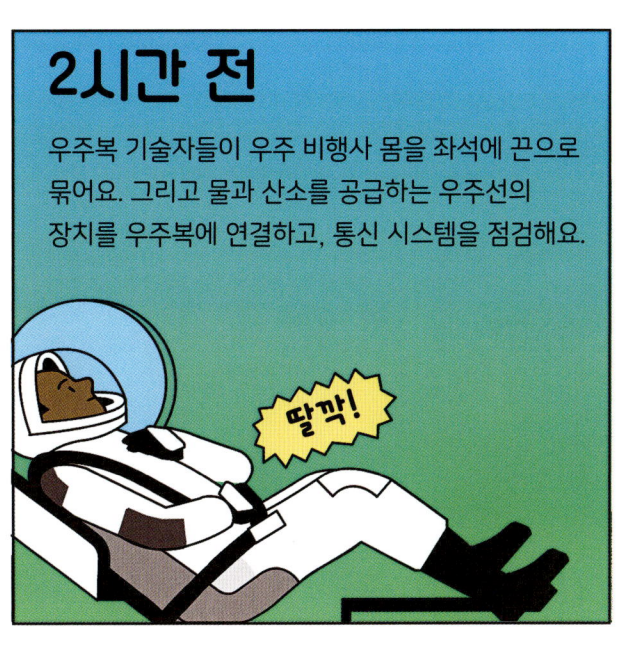

45초 전

발사 감독관이 모든 발사 관제사에게 우주선을 발사할 준비가 되었는지 확인해요.

관제사들은 발사해도 된다고 생각되면 **"발사"**라고 대답해요. 발사하면 안 되는 상황이라면 **"발사 반대"**라고 대답하고, 이때는 발사가 미뤄져요.

팀원 여러분, 발사해도 되겠어요?

발사!

발사!

10초 전

이제 발사합니다! 발사 감독관이 카운트다운을 시작해요.

10 9 8

아홉 개의 개별 엔진을 동시에 가동하여 로켓을 위로 똑바로 쏘아 올려요.

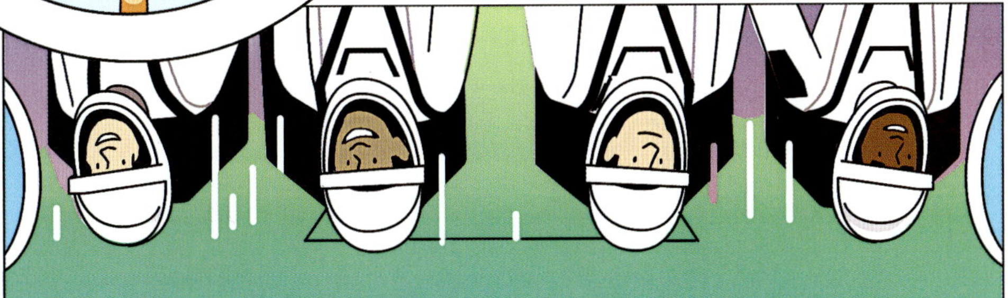

…발사!

행운을 빌어요!

우주선 안에서 우주 비행사들은 의자에 몸을 바짝 대고 꼼짝 않고 있어요. 엔진이 가동되고 로켓이 발사대에서 **발사될** 때 우주선이 마구 흔들리거든요.

우주 비행 관제 센터

로켓이 발사되고 나면, 우주선 비행에 대한 통제권이 항공 우주국의 **우주 비행 관제 센터**에 있는 **비행 관제사** 팀에게로 넘어가요.

비행 관제사 한 명 한 명은 우주 비행에서 각 분야의 전문가예요. 만약 여러분이 기술을 자세히 다루는 걸 좋아하고 긴박한 상황에서도 침착할 수 있다면, 우주 비행 관제 센터가 여러분에게 딱 맞는 일터일 수 있어요.

우주선이 비행하는 동안 비행 관제사의 주요 임무는 다음과 같아요.

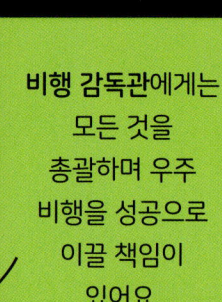

비행 감독관에게는 모든 것을 총괄하며 우주 비행을 성공으로 이끌 책임이 있어요.

좋아요, 이제 우주 비행은 우리 팀이 담당합니다.

관제사 한 명이 우주선의 전기 시스템이 제대로 작동하는지 확인해요.

이 관제사는 **비행 역학 담당자**예요. 우주선의 비행 경로를 짜고 위치를 추적해요.

궤적 데이터가 들어오고 있어요.

우주 정거장으로

발사된 지 겨우 70초 뒤,
로켓은 **음속**보다 더 빠르게 날아올라요.
비행 관제사들이 한시도 눈을 떼지 않고
우주선을 지켜보고 있어요.

제1단 연료 탱크

1

로켓은 크게 세 부분으로 이루어져 있어요.
두 개의 커다란 연료 탱크와 맨 꼭대기에 있는
승무원 탑승선이지요. 로켓이 날아오르는 동안
우주 비행 관제 센터에 있는 비행 관제사들이
로켓을 분리해요.

발사 2.5분 뒤

승무원 여러분, 여기는
우주 비행 관제 센터입니다.
제1단 연료가 소진됐어요.
지금 탱크를 분리합니다.

2

제2단
연료 탱크

발사 12분 뒤

제2단 연료도 소진되어 탱크를
분리하겠습니다. 연료 탱크는
지구 대기권에 들어가면 불에
타 버릴 것입니다.

승무원들은 창문 밖으로
하늘이 파란색에서
까만색으로 변하는 것을
지켜봐요.

3

승무원 탑승선

제1단 연료 탱크는 거꾸로 뒤집혀서 떨어져요. 탱크 옆면에서
착륙용 다리가 펼쳐지고, 엔진이 가동되어 아래로 천천히 착륙해요.

이 탱크는
다음 우주 비행에
재사용할 수 있어요.

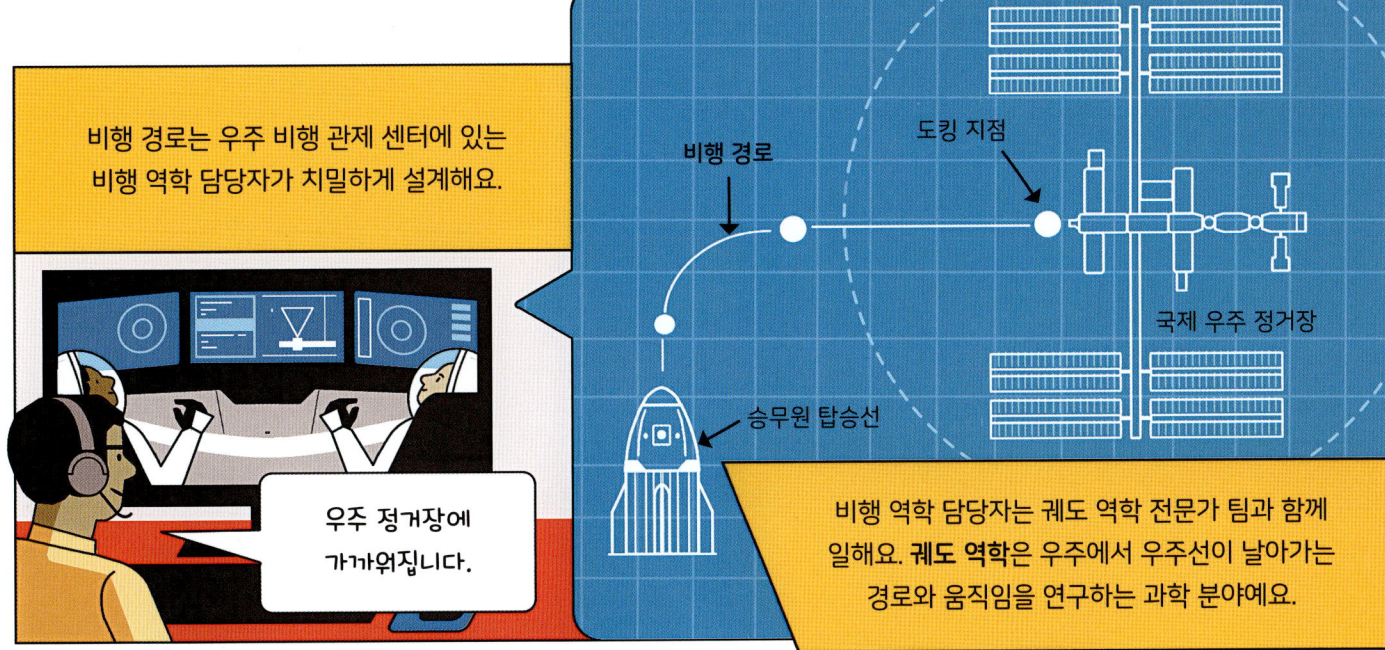

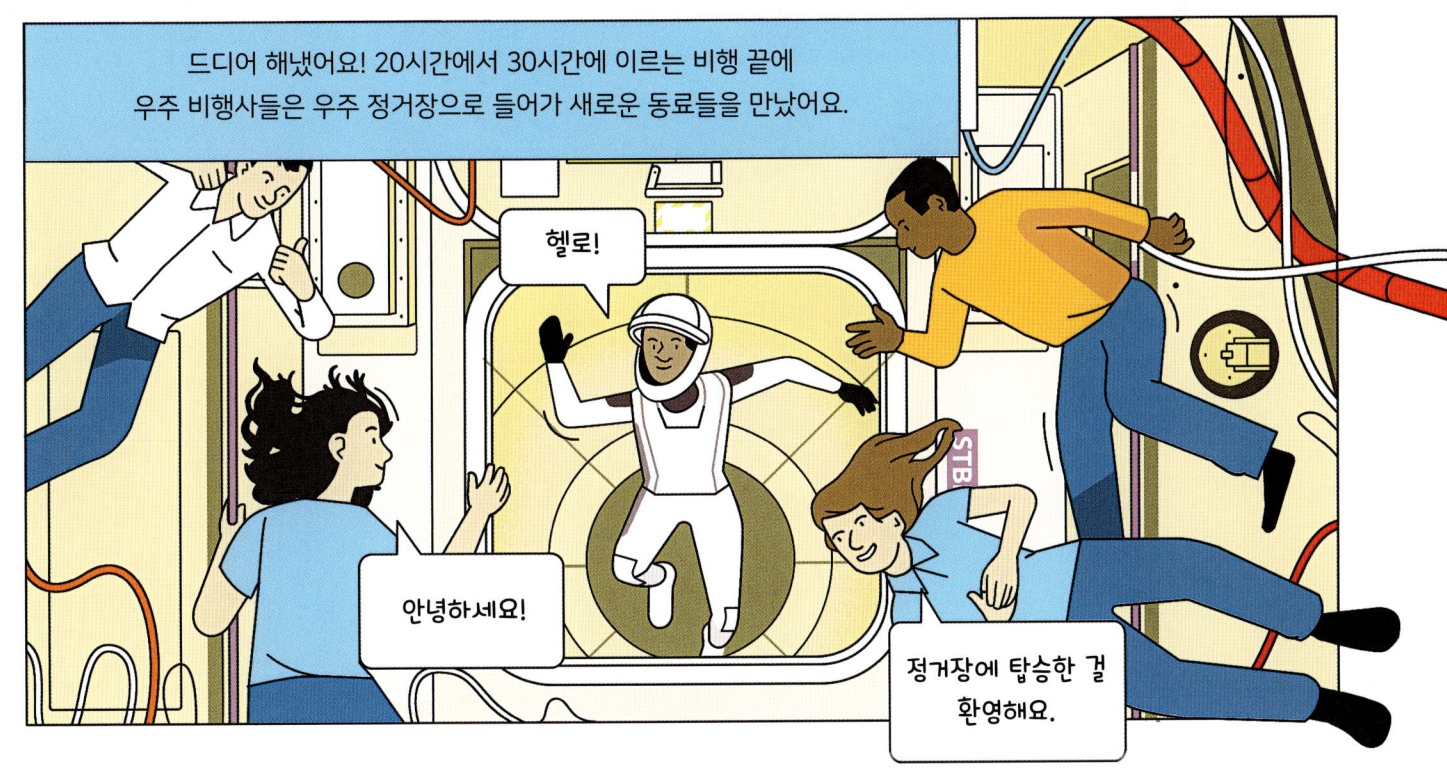

우주 비행사는 우주 정거장에서 살아요

우주 비행사가 우주에서 안전하고 건강하고 편안하게 지내려면 지구에 다양한 전문가들이 많이 있어야 해요.

비행 관제사는 우주 정거장이 제대로 작동하고 승무원이 안전하게 지내도록 해 줘요.

식품 과학자는 우주 비행사의 식단을 짜고 음식을 포장해요.

생의학 담당자는 우주 비행사가 건강을 유지하도록 해요.

우주선 외부 활동 담당자는 우주 유영을 계획하고 감독해요.

우주복 디자이너는 우주 비행사가 우주 유영할 때 입을 우주복을 만들어요.

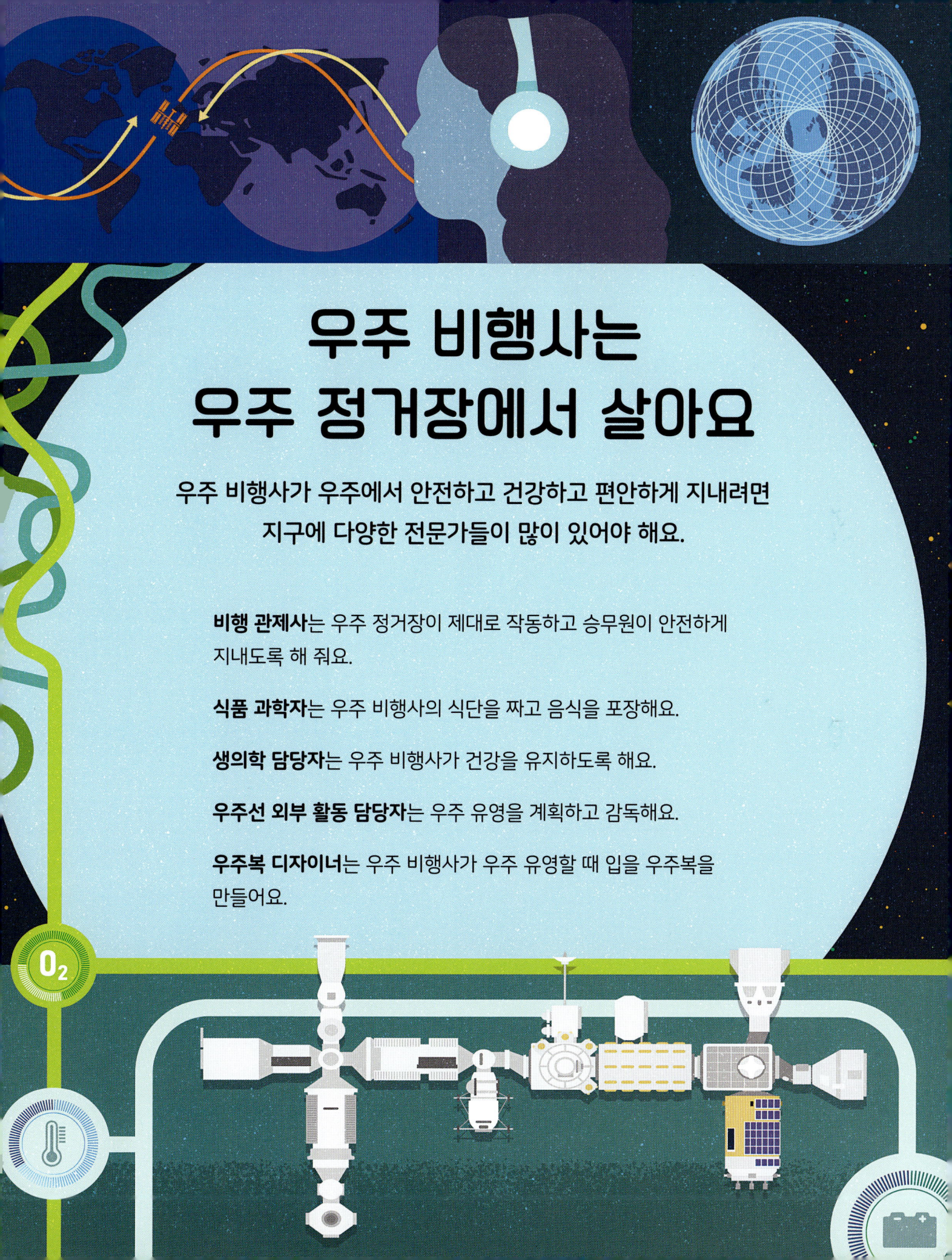

우주에 있는 집

인류가 만든 가장 커다란 우주선인 국제 우주 정거장에 오신 것을 환영해요. 이곳은 앞으로 몇 달 동안 우주 비행사들이 지낼 집이에요.

국제 우주 정거장은 대략 축구 경기장만 해요. 모듈이라는 각 부위는 따로따로 만들어져서, 노드라고 부르는 작은 부분으로 서로 연결되어 있어요.

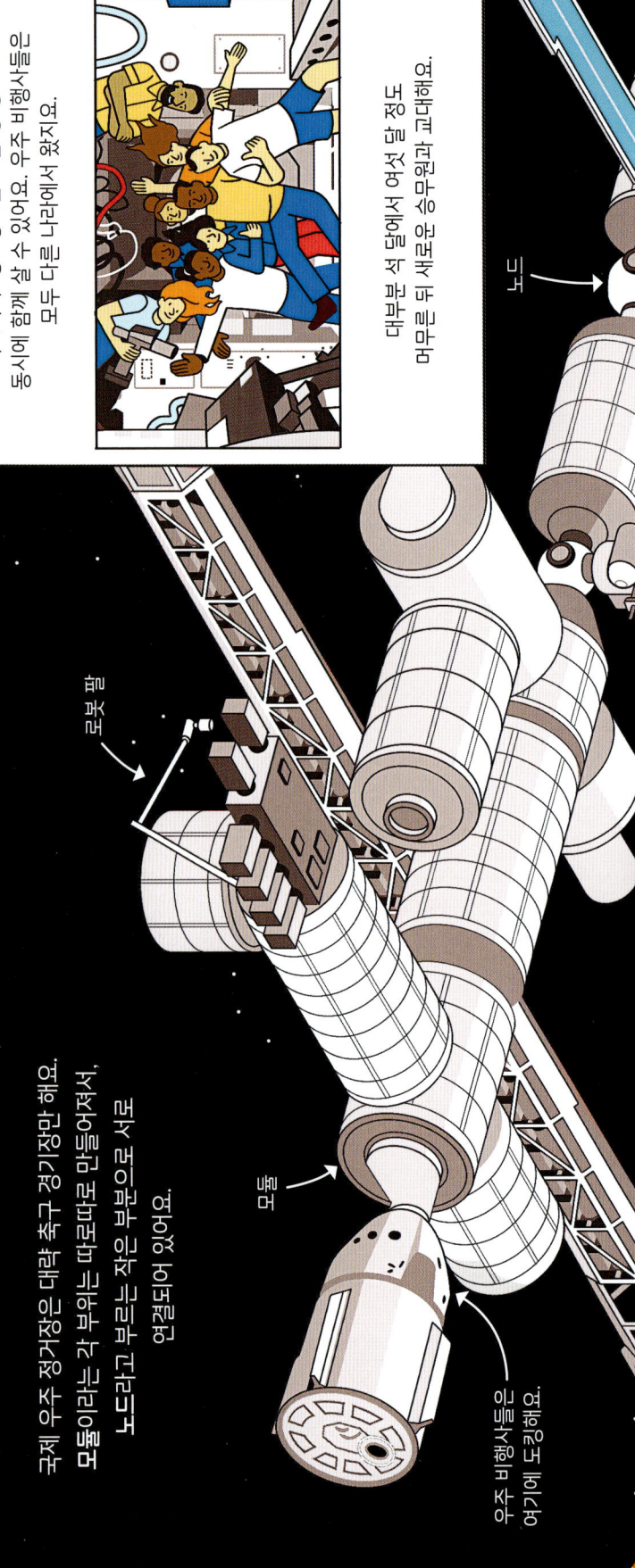

국제 우주 정거장에는 아홉 명 정도가 동시에 함께 살 수 있어요. 우주 비행사들은 모두 다른 나라에서 왔지요.

대부분 석 달에서 여섯 달 정도 머무른 뒤 새로운 승무원과 교대해요.

노드

국제 우주 정거장에는 신선한 음식을 싣고 온 작은 무인 우주선이 연결되는 도킹 포트가 있어요.

로봇 팔

모듈

우주 비행사들은 여기에 도킹해요.

거대한 태양 전지판은 늘 햇빛을 받도록 회전해요. 전기를 생산해서 국제 우주 정거장이 모든 동력을 제공하지요.

미세 중력에서 생활하기

모든 것이 둥둥 뜨는 곳에서 살면 재미있을지도 몰라요.
하지만 익숙해지기까지 시간이 좀 걸려요.

우주 비행사들은 물건들이 둥둥 떠다니지 못하도록 옷이나 벽에 벨크로를 붙여서 물건들을 고정시켜요.

금속으로 된 물건은 자석에 붙여서 제자리에 정리해 두고요.

화장실 사용법도 좀 까다로워요. 진공청소기 같은 흡입 장치로 싹 다 빨아들여요.

이런 깔때기와 호스가 소변을 모아요.

스위치를 켜면 빨아들여요.

여기에 앉아요.

몸이 뜨지 않도록 발걸이에 발을 고정해요.

승무원들의 소변은 정화해서 마시는 물로 재활용돼요.

대변은 화장실 봉지에 모아요. 그리고 다른 쓰레기와 함께 지구 위쪽 대기권에 버려 불태워 없애요.

미국 항공 우주국의 공학자들은 6년에 걸쳐 새로운 우주 화장실을 설계하고 시험했어요.

남성과 여성 우주 비행사 모두가 쓰기에 편해야 해요.

미세 중력에서 오랫동안 살면 몸에 나쁜 영향을 끼칠 수 있어요.

미세 중력에서는 뼈가 점점 더 약해져요. 뼈가 몸의 무게를 지탱할 필요가 없기 때문이에요.

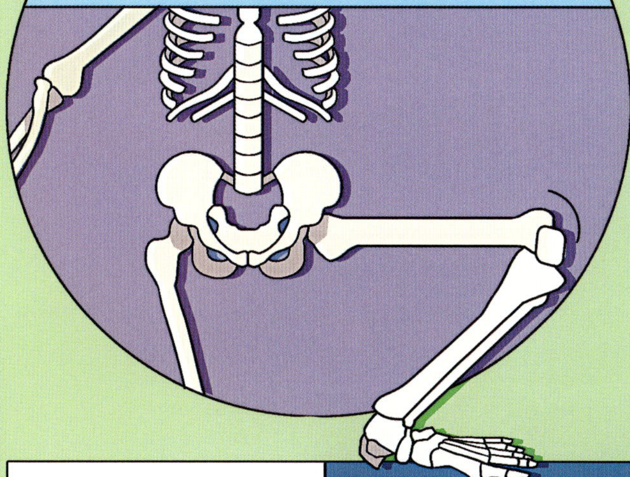

근육도 열심히 움직일 필요가 없으니 점점 약해지지요.

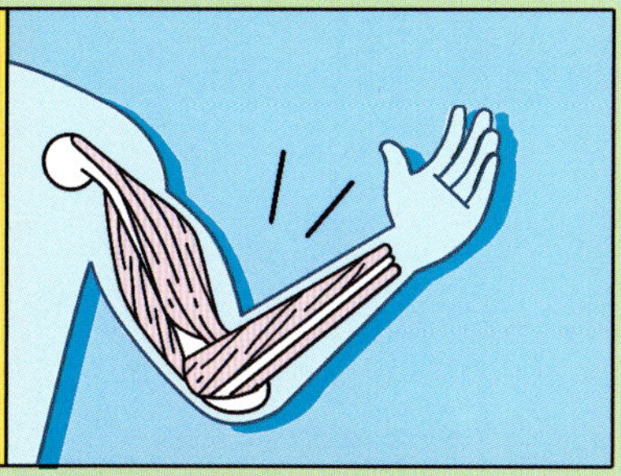

심장도 열심히 움직일 필요가 없어서 쪼그라들기 시작해요.

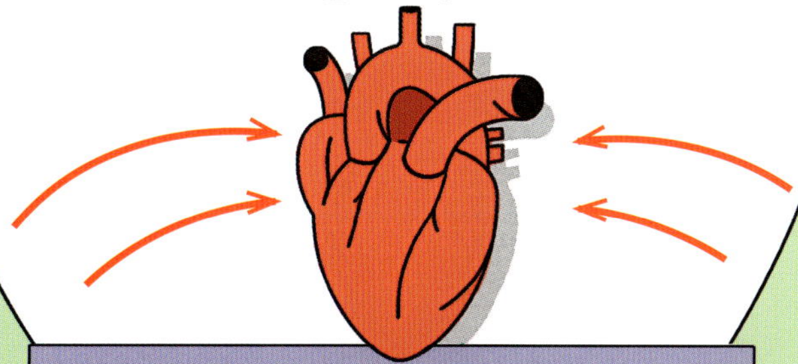

우주에서는 시력도 나빠져요. 하지만 과학자들은 아직 그 이유를 몰라요.

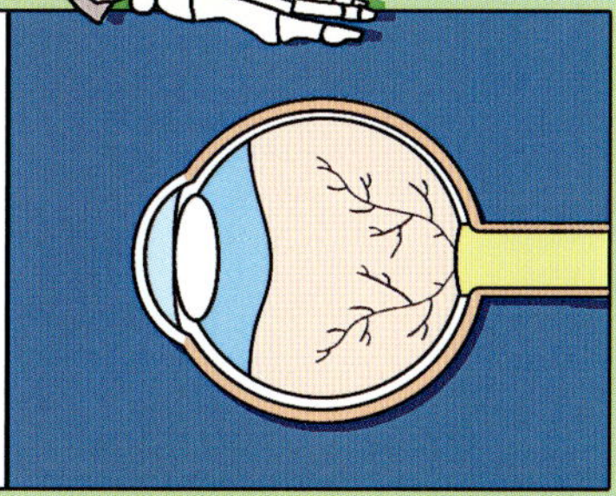

하지만 걱정하지 않아도 돼요. 지구로 되돌아오면 우리 몸은 정상으로 돌아와요.

운동하기

우주 비행사들은 건강을 유지하기 위해서 하루에 적어도 두 시간씩 운동해요.
우주 정거장에는 특별히 만든 운동 기구들이 있어요. 끈을 보조 장치로 이용하지요.

사이클 운동 장치

저항 운동 장치

러닝머신

45

쉬기

우주에서 사는 건 힘들어요.
좁은 공간에서 지내야 하고, 할 일도 많아요.
그래서 쉬는 시간을 갖는 게 중요해요.
우주 비행사들은 이렇게 쉬어요.

보드게임 즐기기

이 말들은 자석으로 붙여서 둥둥 떠다니지 않아요.

온라인으로 가족과 친구들과 이야기하기

악기 연주하기

영화 보기

굉장한 풍경 바라보기

우주에서 저 아래에 있는 지구를 보면 언제나 경이로움을 느껴요.

씻기

미세 중력에서는 지구에서와 달리 물이 흐르지 않아요. 샤워기를 틀면 물방울들이 사방으로 둥둥 떠다닐 거예요. 그래도 몸을 깨끗이 씻는 방법은 있어요.

우주 비행사들은 젖은 수건으로 얼굴을 닦고,

물이 필요 없는 샴푸로 머리를 감아요.

이를 닦을 때에는 물주머니에서 물 한 모금을 짜낸 다음 입에 쏙 넣어요.
칫솔에 치약을 짠 다음 입을 다문 채로 양치질을 하고, 거품은 종이 타월에 뱉어요.

잠자기

우주 비행사들은 각자 쓰는 **수면실이** 있어요. 칸막이가 있는 작은 1인실 방인데, 침낭을 벽에 묶어 놓았어요.

우주 비행사들은 베개가 필요하지 않아요. 침낭 속에서 붕 떠서 잠을 자요.

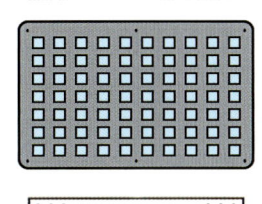

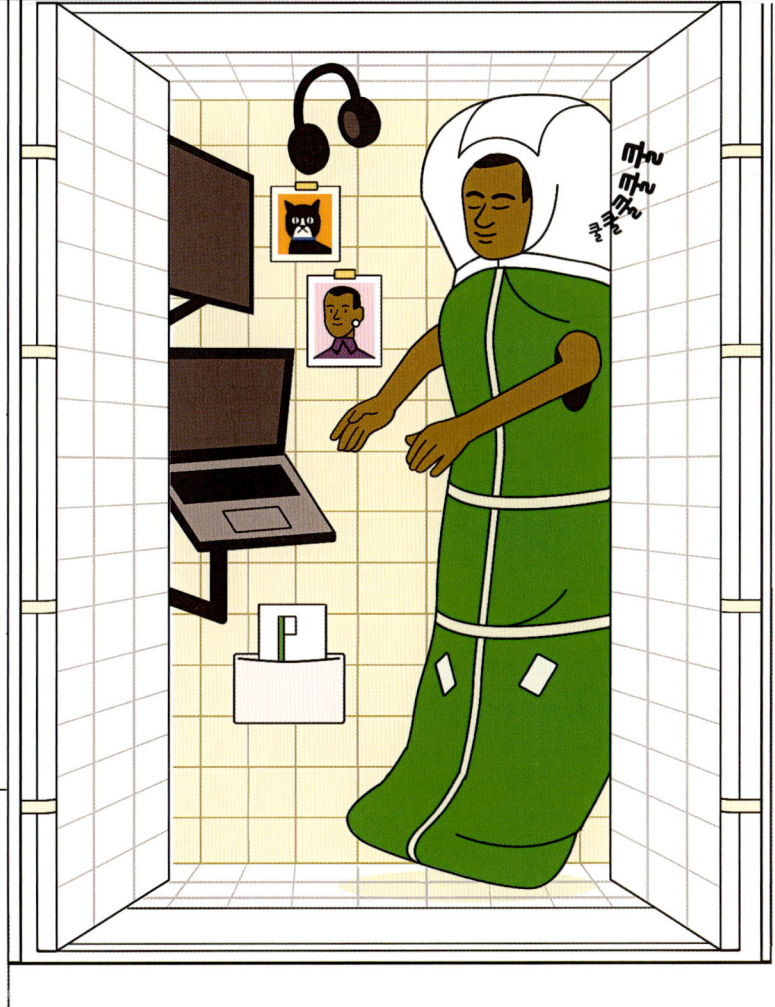

우주 정거장은 밝고, 공기 펌프에서 나는 소리가 시끄러워서 잠들기가 어려워요. 그래서 우주 비행사 대다수는 수면 안대와 귀마개를 하고 자요.

먹기

미세 중력에서 음식을 먹는 건 쉽지 않아요. 음식이 공중에 떠다니다가 우주 정거장의 제어 장치를 고장 낼 수도 있어요.

우주에서 밥상을 차리는 일은 음식을 식탁에 붙이는 것과 같아요.

> 당근을 잡아요! 환기구로 들어가겠어요!

당근 스틱

지구에서 떠나오기 전, 우주 비행사들은 우주에서 먹을 음식을 골라 둬요.
음식은 오래 보관할 수 있도록 밀폐 통조림이나 파우치에 담겨 있어요.

면류 / 치킨 라이스

건조 식품
뜨거운 물만 부으면 바로 먹을 수 있어요.

코코아 / 커피 / 오렌지 주스

분말 음료
물을 부은 다음 섞어요.

초콜릿

간식거리

쿠키

야채 파스타 / 소고기 스튜

미리 조리된 식사
오븐에 데워 먹어요.

핫소스
미세 중력에서는 체액이 머리로 몰려서 미각이 둔해져요. 우주 비행사들은 음식을 더 맛있게 느끼려고 매운 소스를 즐겨 넣어요.

한 달에 한 번씩 화물선이 와서 신선한 과일과 채소를 공급해요.

우주 정거장에는 냉장고가 없어요. 그래서 신선 식품은 상하기 전에 빨리 먹어야 해요.

우주 비행이 있을 때마다 **식품 과학자**는 우주 비행사들이 먹을 영양가 높은 식사를 준비하고 포장해요.

식품 과학자는 음식에 열을 가해 미생물을 없애요. 그래서 음식을 포장된 상태로 몇 달씩 보관할 수 있어요.

초기 우주 음식

1961년, 러시아 우주 비행사인 **게르만 티토프**는 우주에서 최초로 음식을 먹은 사람이 되었어요.

1965년 무렵, 우주 비행사는 동결 건조된 큐브 모양의 음식도 먹을 수 있었어요. 맛이 없기는 예전과 마찬가지였지요.

1970년쯤부터 새로운 가공 기술 덕분에 우주 음식이 훨씬 다양해졌어요.

초기 우주 탐험가가 먹은 음식은 아주 맛이 없었어요. 주로 튜브에 담긴 퓌레*를 짜서 먹었어요.

* 고기나 채소를 갈아 걸쭉하게 만든 것.

가정식만큼은 아니지만, 아주 맛없지는 않아요.

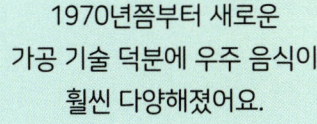

우주 유영

우주 유영은 우주복을 입고 안전한 우주선 밖으로 나가서 작업하는 것을 말해요. 가장 어려운 임무 중 하나지요. 우주 유영을 하기 위해서는 지구를 떠나기 한참 전부터 몇 달에 걸쳐 계획을 세워야 해요.

사전 계획 세우기

우주 유영은 공식적으로는 우주선 외부 활동(EVA)이라고 해요. 모든 우주 유영은 **우주 유영 담당자**가 계획하고 통솔해요. 우주 유영 담당자는 우주 비행사들을 만나 무엇을 해야 하는지 하나하나 자세하게 말해 줘요.

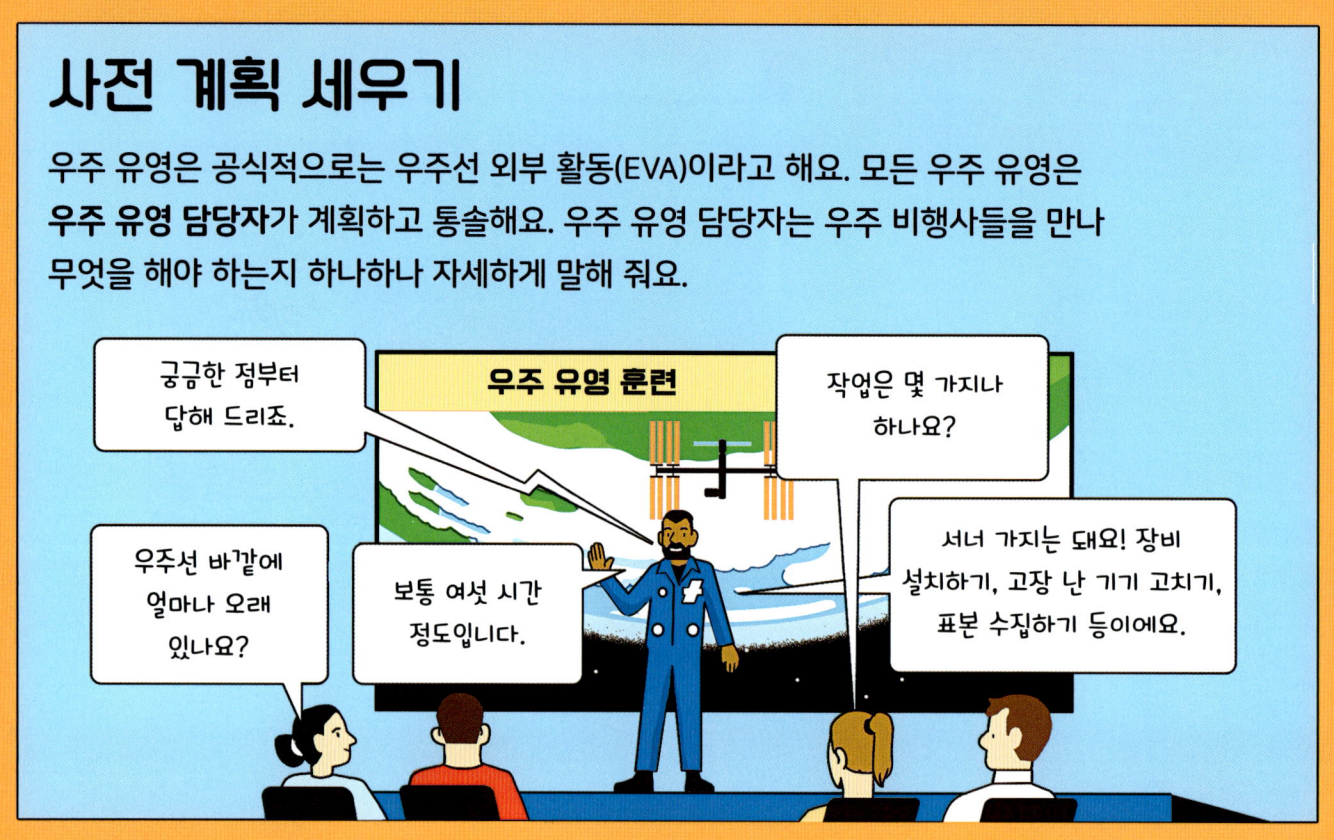

우주복 개발

우주는 극심한 기온에 산소가 없어서 위험한 공간이에요. 우주 유영 때 우주 비행사가 입을 우주복은 우주복 디자이너가 섬세하게 제작해요.

우주 유영의 날

우주 유영을 할 때는 대개 우주 비행사 두 명이 함께 나가요. 우주 비행 관제 센터에 있는 우주 유영 담당자는 우주 비행사와 무선으로 계속 통신하며 다양한 임무를 안내해요.

손잡이

테더라고 하는 기다란 안전줄이 우주 비행사와 우주 정거장을 연결하고 있어요.

한쪽 우주복에는 빨간 띠가 있고, 다른 우주복에는 없어요. 우주 비행 관제 센터는 이것으로 누가 누군지 구별해요.

우주 유영 담당자가 되려면 비상 상황에서도 냉철하게 판단하는 능력이 필요해요. 우주 유영을 진행하는 동안 뭔가 일이 잘못되면, 동료 비행 관제사들과 함께 빠르게 협력해서 문제를 해결해야 해요.

| 2017년, 우주 비행사 **페기 윗슨**과 **셰인 킴브러**는 국제 우주 정거장의 약해진 부분을 보호하기 위해 새로운 패널을 붙이고 있었어요. | 모든 게 순조롭게 진행되고 있었는데, 어찌 된 일인지 새로운 패널이 우주로 떠내려가 버렸어요. |

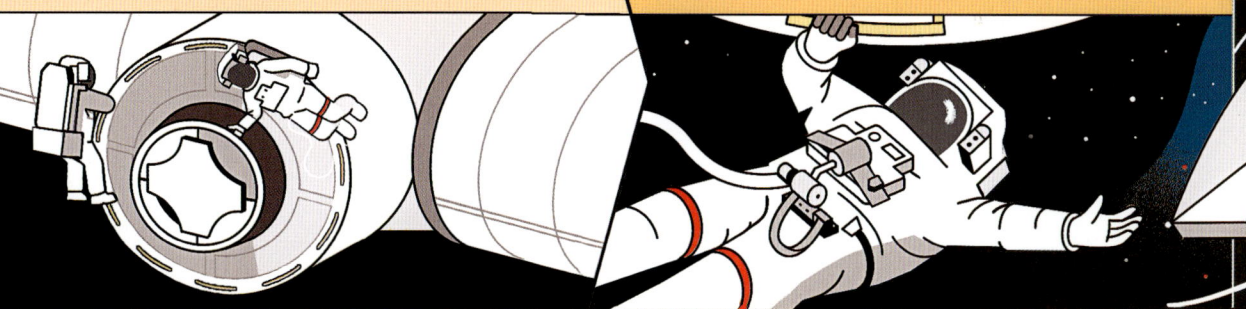

| 그 즉시, 우주 유영 담당자와 동료 비행 관제사들이 모여 해결책을 고민했어요. | 그들은 우주 비행사들에게 우주 정거장의 다른 부분에서 패널을 떼어다가 대신 붙이도록 안내했어요. |

임무 완료! 훌륭히 해냈어요.

우주 비행사는 우주에서 실험해요

우주를 여행하는 것뿐 아니라 과학도 좋아한다면 여러분이 관심 있어 할 만한 직업이 아주 많아요.

생의학 과학자는 인간의 몸이 우주여행을 할 때 어떻게 반응하는지를 연구해요.

우주 식물학자는 어떤 작물이 우주에서 가장 잘 자랄지 시험해요.

우주 생물학자는 생물이 우주 환경에 어떻게 대응하는지를 연구해요.

지구 과학자와 **동식물 연구가**는 우주에서 찍은 사진으로 지구와 동물을 관찰해요.

로봇 공학자와 **컴퓨터 공학자**는 미래의 우주 탐사를 위해 기술을 개발하고 시험해요.

우주 과학

과학자들에게 우주 정거장은 사물이 지구 중력의 영향에서 멀어지면 어떻게 반응하는지를 연구하기에 완벽한 장소예요.

만약 여러분이 우주 정거장에서 하고 싶은 실험이 있다면, 먼저 항공 우주국의 과학 전문가를 만나야 해요.

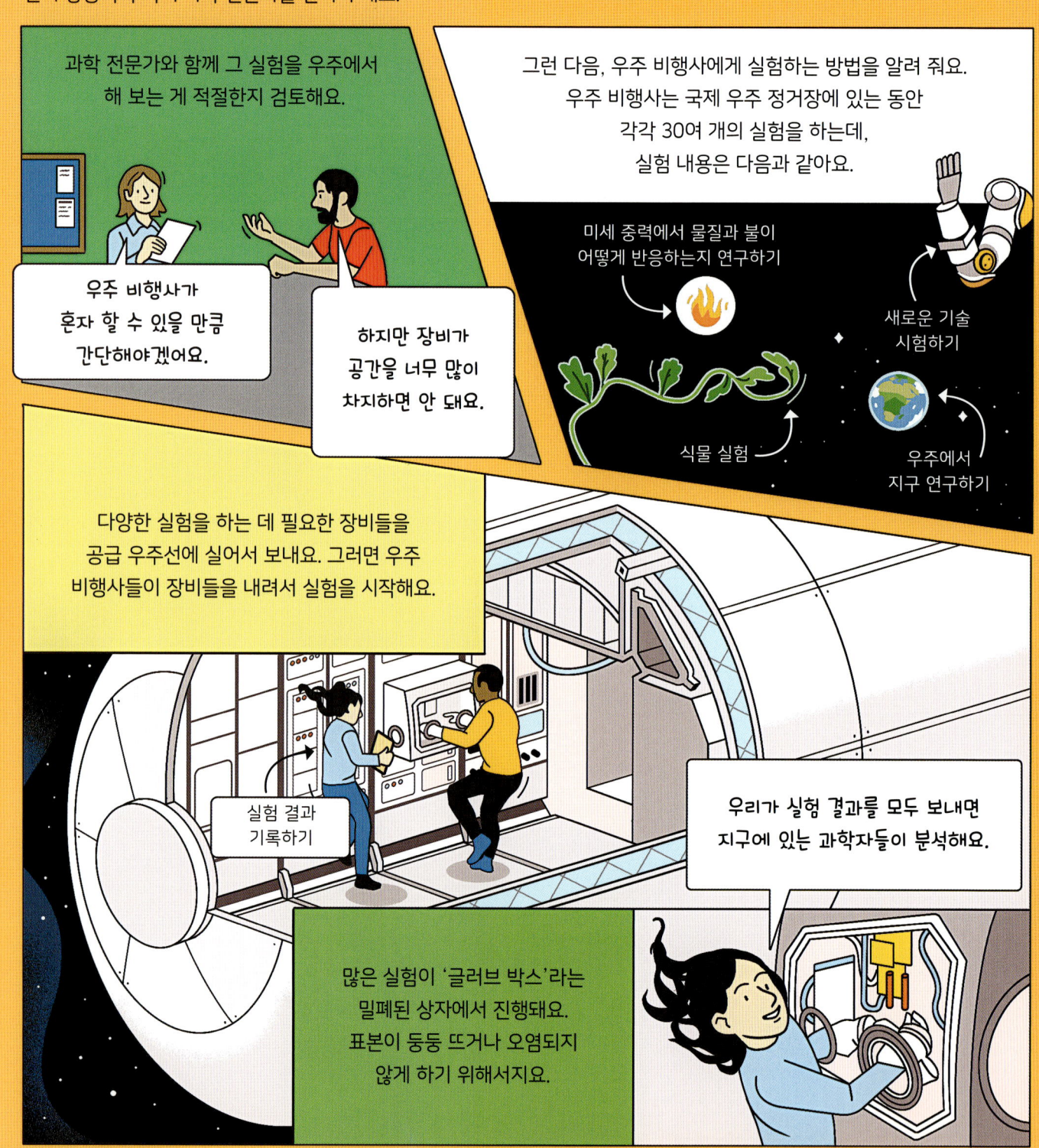

생의학 과학자에게 우주는 살아 있는 인간 세포를 연구하는 곳이 돼요. **조직 칩**이라고 하는 장치는 우주에서 세포가 자라도록 특수하게 설계되었어요.

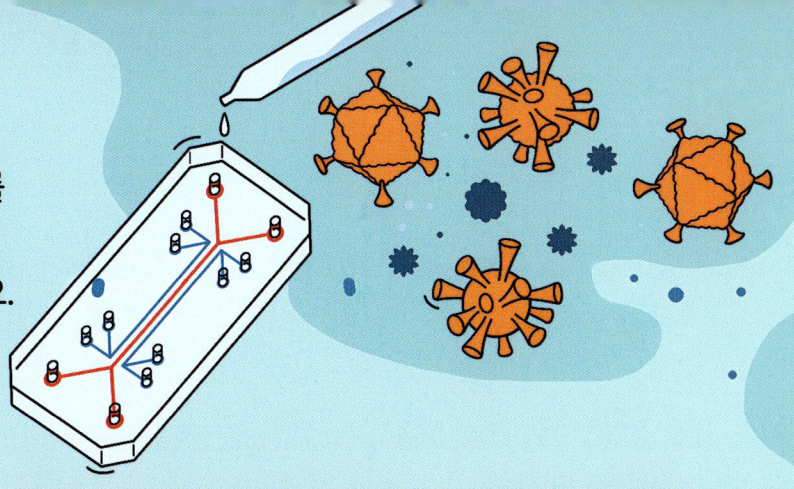

미세 중력에서 세포는 지구에서보다 복잡한 3차원 구조를 형성해요. 그래서 세포들이 여러 가지 약에 따라 어떻게 반응하는지를 더 쉽게 관찰할 수 있어요.

우주 비행사들도 실험 대상이 돼요. 과학자들은 우주에서 우주 비행사들의 몸에 일어나는 변화가 지구에서 겪는 노화 과정과 비슷할지 모른다고 생각해요.

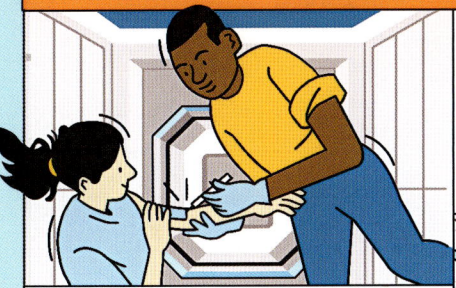

우주 비행사는 지구로 보낼 소변과 혈액을 채취해요.

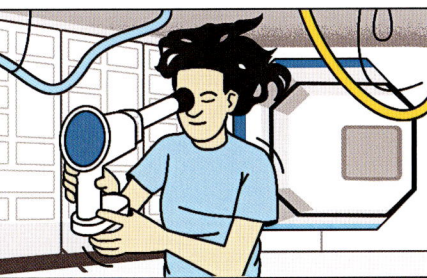

우주 비행사는 **안저 검사**를 하는 기구로 눈 안쪽의 모양을 측정해요.

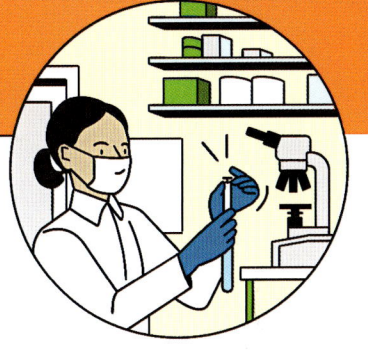

과학자들은 우주 비행사에게 나타나는 변화를 연구해서 지구에서 사람들이 더 오래 건강하게 살도록 돕기를 바라요.

쌍둥이 실험

2017년, 미국 우주 비행사인 **스콧 켈리**는 국제 우주 정거장에서 340일을 보냈어요. 그동안 스콧의 일란성 쌍둥이인 **마크 켈리**는 지구에 남아 있었지요.

마크 켈리

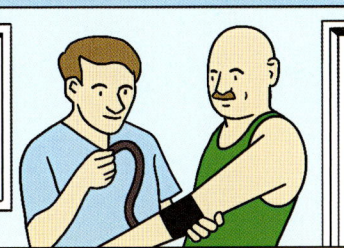

스콧 켈리

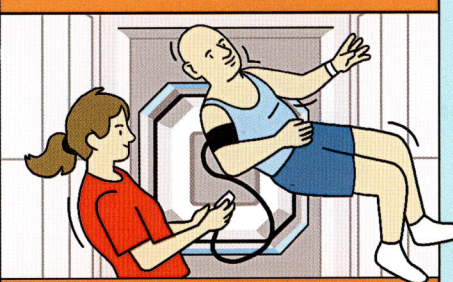

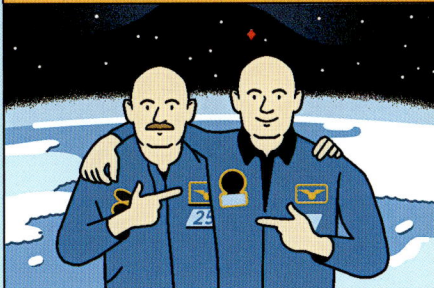

두 형제는 똑같이 정기 검진을 받았어요. 세포 검사를 하고, 기억과 반응 속도를 검사하기 위한 게임을 했어요.

스콧은 마크가 경험하지 못한 신체 변화를 겪었어요. 세포는 물론이고 뇌가 작용하는 방식에서도 차이가 있었어요.

이 연구로 인간이 오랜 기간 우주여행을 해도 안전한지에 대해 의문을 가지기 시작했어요.

생물 연구

우주 정거장은 과학자들에게 우주에서든 지구에 돌아온 뒤에든 동식물을 독특한 방식으로 연구할 기회를 제공해요.

지구를 보는 눈

지구 과학자는 우주 정거장에 부착된 최첨단 카메라로 지구가 건강한지를 확인해요.

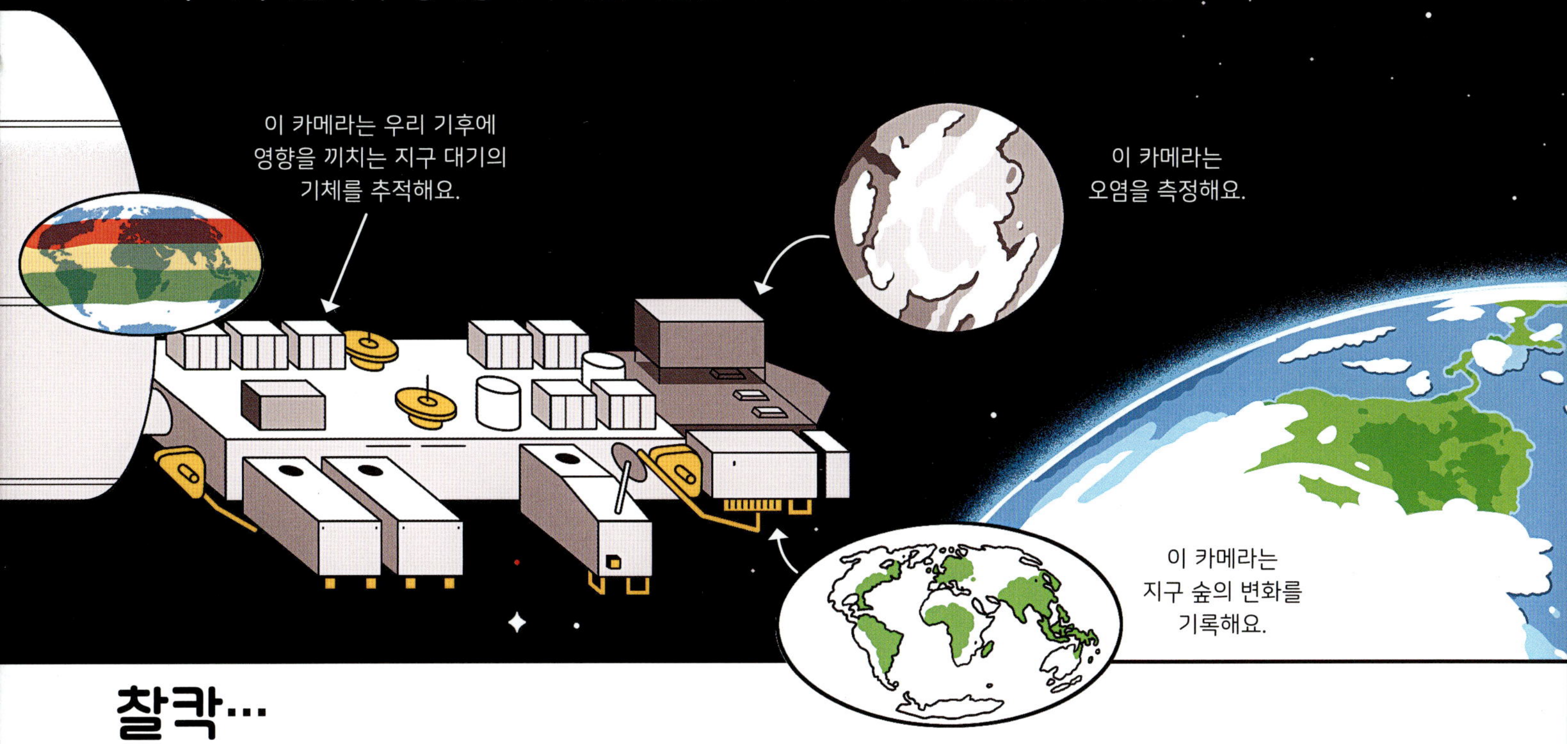

이 카메라는 우리 기후에 영향을 끼치는 지구 대기의 기체를 추적해요.

이 카메라는 오염을 측정해요.

이 카메라는 지구 숲의 변화를 기록해요.

찰칵…

국제 우주 정거장은 승무원이 지구를 놀랍도록 자세히 촬영할 수 있을 만큼 지구와 가까이 있어요. 촬영한 사진은 누구나 보고 연구할 수 있도록 온라인에 올라가요.

구조팀은 사진을 보며 자연재해가 일어난 지역의 구조 계획을 세워요.

동식물 연구가는 사진을 연구해서 멸종 위기에 처한 새와 동물 들이 철마다 이동하는 경로를 지도로 만들어요.

지구 과학자는 사진을 보며 시간이 흐름에 따라 환경이 어떻게 변하는지를 살펴봐요.

산호초

열대 우림

빙하

우주 기술

여러분이 과학 기술에 관심이 있다면 우주 정거장은 흥미로운 곳이에요. 특히 로봇 공학 분야를 비롯한 최첨단 발명품을 우주의 더 **깊은** 곳을 탐사하는 용도로 시험하는 곳이거든요.

컴퓨터 공학자는 국제 우주 정거장에서 지구와 우주 사이에서 소통할 새로운 방법을 개발해요.

한 실험에서 우주 비행사가 특수 헤드셋을 쓰고 지구에 있는 사람의 입체 영상과 눈앞에 있는 것처럼 대화했어요.

이 기술을 **홀로포팅**이라고 해요. 홀로그램(3차원 입체 영상)과 텔레포트(순간 이동)를 합친 말이에요.

지구에서 인사 드립니다!

우주에서 인사 드려요!

홀로포팅을 이용해 의사나 공학자가 우주 비행사에게 우주 정거장에서 수행할 까다로운 임무를 알려 줄 수 있어요.

바쁜 꿀벌 로봇

조심해요! 주위에 날아다니는 로봇이 있어요. 또 다른 실험에서, **로봇 공학자**는 **애스트로비**(우주 꿀벌)라는 날아다니는 로봇을 시험했어요.

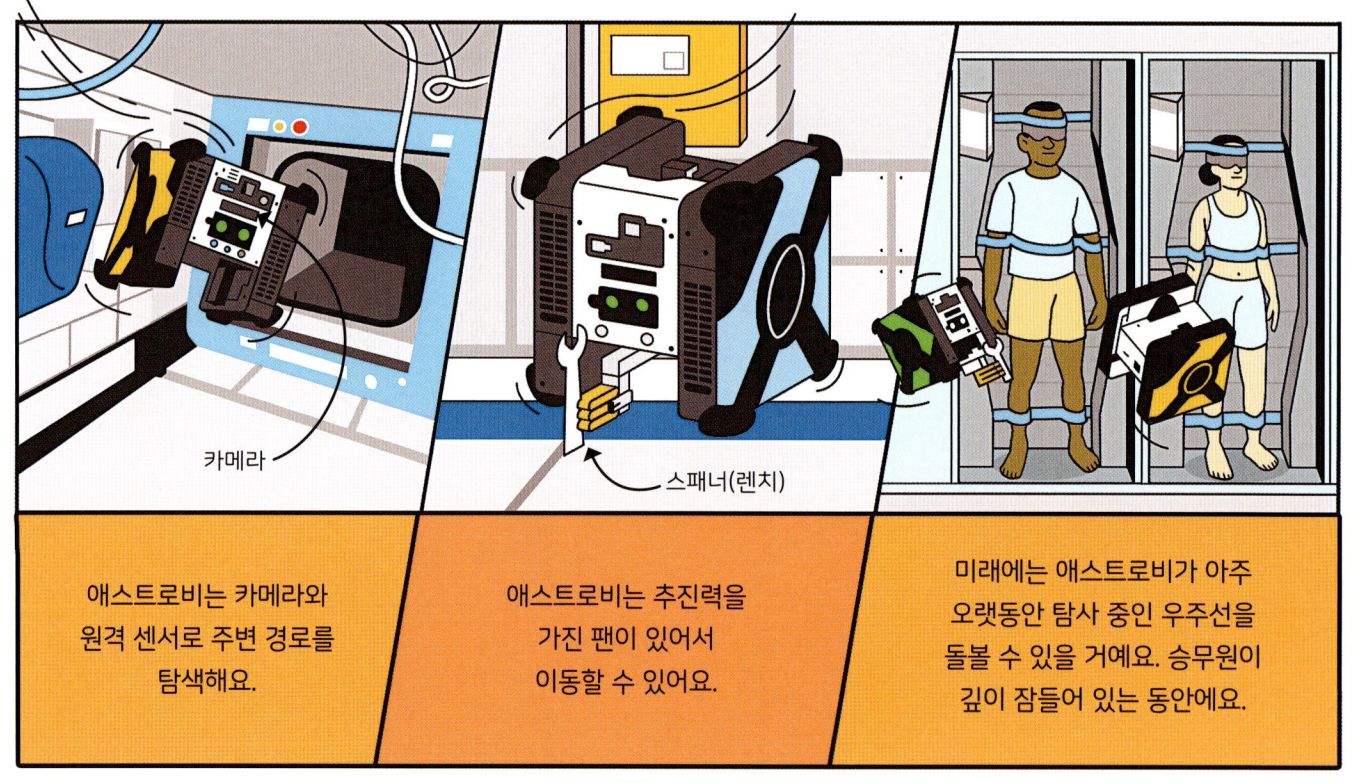

카메라

스패너(렌치)

애스트로비는 카메라와 원격 센서로 주변 경로를 탐색해요.

애스트로비는 추진력을 가진 팬이 있어서 이동할 수 있어요.

미래에는 애스트로비가 아주 오랫동안 탐사 중인 우주선을 돌볼 수 있을 거예요. 승무원이 깊이 잠들어 있는 동안에요.

로보넛

공학자들은 최첨단 휴머노이드 우주 로봇인 **로보넛**도 시험했어요.

우주 비행사는 헤드셋과 손목에 부착한 기기를 통해 로보넛을 조종해요.

헤드셋

손목용 기기

그러면 로봇은 우주 비행사의 움직임을 똑같이 따라 해요.

로보넛은 우주복이 필요 없어요…

…그래서 우주선 바깥에 고장 난 부분을 수리하는 일 등을 도울 수 있어요.

최첨단 일꾼

공학자들은 미래의 우주 탐사에 보내기 위해 훨씬 더 최첨단 기술로 로봇을 설계하고 있어요.

이것은 휴머노이드 로봇 **발키리**예요.

발키리는 우주 비행사들이 도착하기 전에 다른 행성에 기지를 설치할 수 있을 거예요.

어떤 로봇은 달에서 채굴 기계를 작동할 수 있을 거예요.

임무 완수

탐사 임무를 마치면 이제 우주 비행사가 집으로 돌아갈 시간이에요.
하지만 지구로 무사히 돌아가는 것 역시 우주로 무사히 나가는 것만큼이나 까다로워요.

우주 비행 관제 센터는 경로를 짜고, 돌아오는 우주선에 설치된 컴퓨터로 정보를 보내요.

지금 데이터를 업로드합니다.

우주 비행사는 짐을 싸고, 우주선을 준비하고, 비행에 필요한 비행복을 입어요.

우주선이 출발해요. 우주선은 지구 대기권으로 들어설 때 속도를 줄이기 시작해요.

우주 비행사들의 몸이 심하게 흔들릴 수 있어요!

낙하산이 펴지면서 우주선을 위로 잡아당기면 우주선의 속도는 훨씬 더 느려지다가…

풍덩

…마침내 바다에 내려앉지요.

지원팀이 우주선을 배로 끌어 올려 우주 비행사들이 밖으로 나올 수 있게 도와요.

거의 다 됐어요!

의사가 가까이 대기하고 있다가 건강 상태를 확인해요.

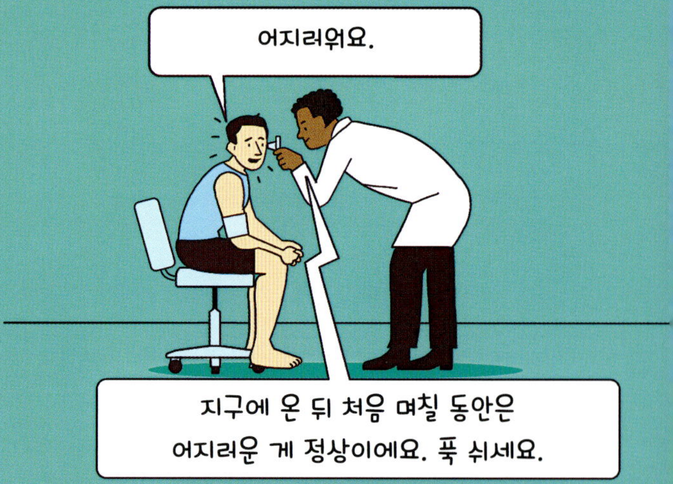

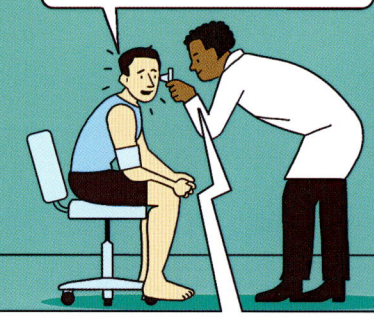

어지러워요.

지구에 온 뒤 처음 며칠 동안은 어지러운 게 정상이에요. 푹 쉬세요.

그러고 나면 우주 비행사들은 집으로 돌아가 충분히 휴식해요.

지구에 돌아온 다음엔?

우주 탐사가 끝난 다음에도 할 일은 많아요.

우주 비행사들은 몇 주에 걸쳐 인터뷰를 하고 강연을 다녀요.

어떤 실험을 했나요?

일이 잘못된 적은 없나요?

또다시 우주로 갈 건가요?

그 뒤에는 많은 우주 비행사가 항공 우주국에서 일하며 미래 우주 탐사를 계획하거나…

…훈련 교관이 되지요.

더 매끄럽게 착륙시킬 방법이 떠올랐어요.

질문 있나요?

기초 훈련

어떤 우주 비행사는 작가가 되어 책을 펴내거나, 과학 커뮤니케이터가 되어 다른 사람들에게 자신의 경험을 나눠 줘요.

우주

언젠가는 당신도 우주에 갈 거예요.

어떤 우주 비행사들은 몸을 회복한 뒤, 또 다른 우주 탐사를 맡아 우주로 돌아가는 선택을 하기도 해요.

우주 비행사는
더 먼 우주를 향해 나아가요

달에서 살거나 외계 행성을 방문하기를 꿈꾸나요?
그 꿈이 현실에 가까워지도록 많은 사람이 일하고 있어요.

천문학자는 별, 행성, 위성과 그 밖에 우주에 있는 모든 것을 연구해요.

조종사는 우주를 가로지르는 탐사선을 조종해요.

인공 지능 공학자는 탐사 로봇인 로버가 혼자서도 외계 환경을 탐사할 수 있도록 프로그램을 짜요.

우주 건축가는 미래의 우주 거주지를 설계해요.

심리학자는 다른 행성에서 사는 것이 사람의 정신 건강에 어떤 영향을 끼칠지를 연구해요.

달 탐사

인류가 달에 처음으로 착륙한 지 50년이 넘었어요. 오늘날엔 몇몇 나라의 항공 우주국이 함께 달 탐사 프로그램을 준비하고 있어요.

항공 우주 공학자들은 첫 번째 **달 베이스캠프**를 계획하고 있어요. 승무원들이 달에 머물 수 있는 기지를 마련하려는 거예요.

달 베이스캠프는 이런 모습일 거예요.

아르테미스 프로젝트
게이트웨이 우주 정거장

적어도 10년 동안 달 궤도를 돌 우주 정거장도 설계되고 있어요. 미래에는 승무원들이 화성으로 가기 전에 이곳에 들를지도 몰라요.

달 베이스캠프

우주 비행사와 물품을 우주선 안팎으로 이동시킬 우주 엘리베이터

실험실 돔

식물 돔

거주 구역

로버 대기소

태양 전지판

베이스캠프에는 최대 네 명의 우주 비행사가 함께 지내면서 일할 수 있을 거예요.

달 탐사 훈련

일부 우주 비행사들은 미국 애리조나주에 있는 사막 연구 및 기술 개발 센터에서 미래에 우주 탐사를 떠날 준비를 하고 있어요.

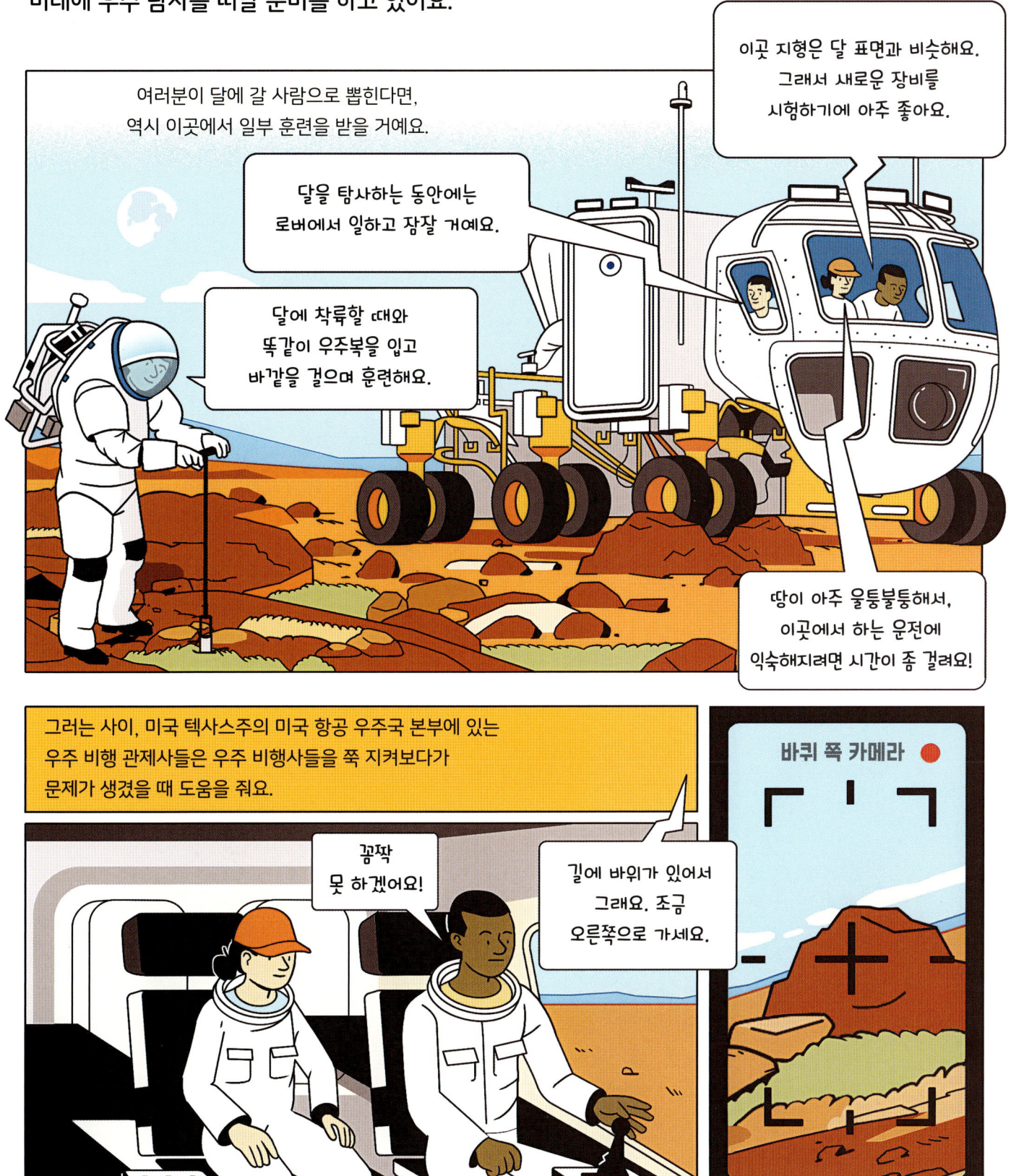

붉은 행성 로버

태양계에 있는 행성들 가운데 지구와 가장 비슷한 행성은 화성이에요.
로봇 공학자는 로버*들을 화성으로 보내 화성을 연구하고,
미래에 방문할 우주 비행사들을 위해 길을 닦고 있어요.
* 표면을 돌아다니며 탐사하는 로봇.

화성 로버들은 정보를 모으고, 지구로 자료를 보내요.
하지만 화성에서 버텨 낼 기기를 만들기란 여간
까다로운 일이 아니에요….

대기가 희박해서
우주선이 안전하게 착륙할 만큼
속도를 줄이기가 어려워요.

표면은 바위투성이고,
거대한 바위나 크레이터나 절벽이
있어서 땅이 고르지 않아요.

화성에는 격렬한 모래폭풍이 일고
바람이 강하게 불어요. 민감한
기기에게는 치명적이지요.

우주선이 이런 위협에 확실히 대처할 수
있도록, 공학자들은 **프로토타입**이라는
시험용 버전을 만들어요.

진짜 주룽은 2021년에 화성에 착륙했어요.
주룽은 1년 동안 정보를 수집한 뒤에
모래폭풍 때문에 손상되었어요.

이것은 '주룽'이라는 중국 로버의
프로토타입이에요.

우리는 화성의
환경을 재현해서
수천 번이나
시험했어요.

그 1년 동안에 주룽은 화성에 한때
물이 있었다는 증거를 발견했어요. 화성에
생명체가 살았을지도 모른다는 뜻이에요.

최첨단 팀

최근 들어 미국 항공 우주국 공학자들은 '퍼서비어런스'라는 로버를 화성에 보냈어요. 화성 비행 로봇인 '인저뉴어티'와 함께였지요. 인저뉴어티를 줄여서 '지니'라고도 불러요.

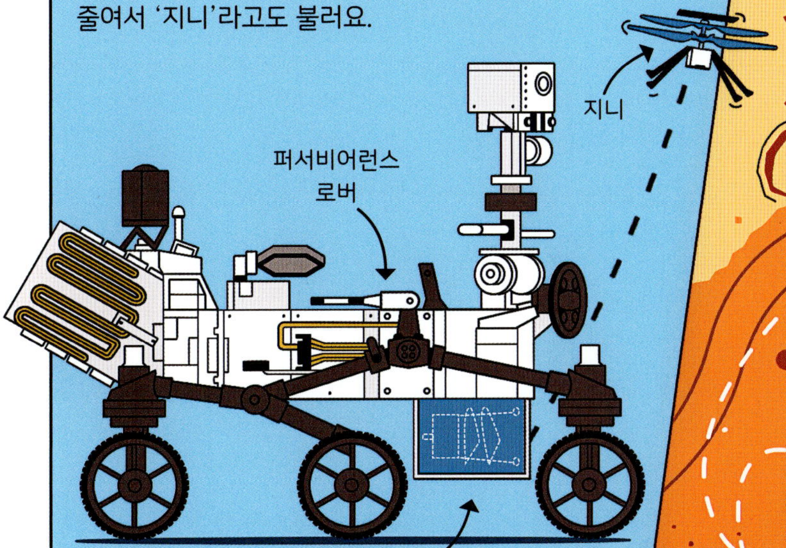

지니

퍼서비어런스 로버

지니는 이곳에 딱 맞게 들어가도록 접혀요.

찰칵

지니는 다른 행성에 보낸 최초의 비행 로봇이에요. 지니가 날면서 사진을 찍은 덕분에, 과학자들은 접근하기 힘든 지역을 손쉽게 살펴볼 수 있어요.

퍼서비어런스는 과학자들을 위해 많은 정보를 수집하고 있어요. 주된 임무 중 하나는 암석을 수집하는 일이에요. 화성에 살았던 작은 생명체가 남긴 화학적 단서를 발견하기 위해서지요.

인공 지능 공학자는 로버가 어디로 가고 무엇을 할지 스스로 결정하게 하는 컴퓨터 프로그램을 만들고 있어요.

프로그램이 다양한 지형을 인식하도록 훈련하는 걸 돕기 위해서, 공학자들은 누구나 방문할 수 있는 웹사이트를 만들었어요. 그리고 웹사이트에 로버가 찍은 사진들을 보여 준 뒤 사람들에게 지형에 알맞은 이름을 붙여 달라고 부탁했어요.

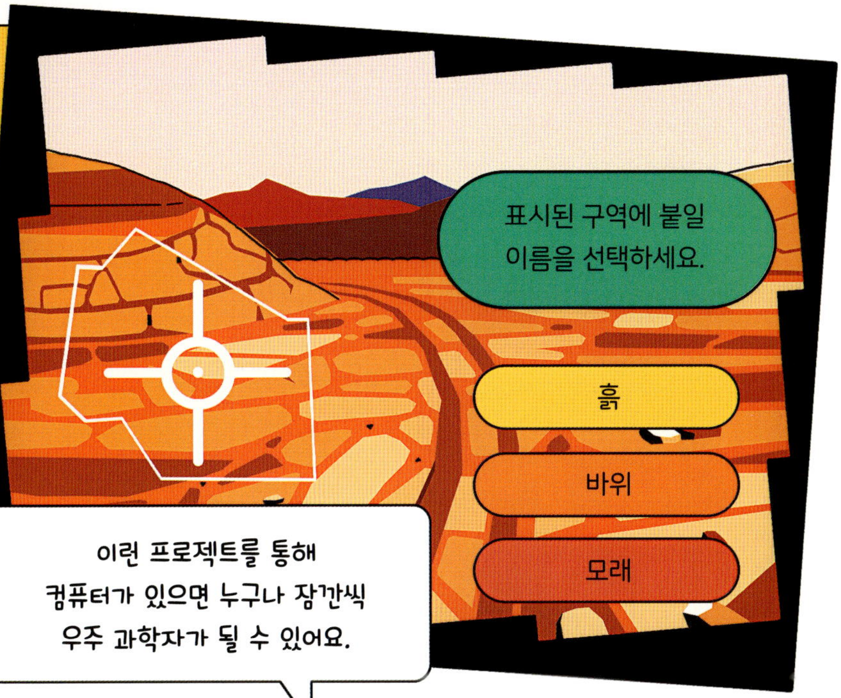

표시된 구역에 붙일 이름을 선택하세요.

흙

바위

모래

이런 프로젝트를 통해 컴퓨터가 있으면 누구나 잠깐씩 우주 과학자가 될 수 있어요.

최종 목적지: 화성

이 경주는 최초의 인류를 화성에 착륙시키는 것을 목표로 하고 있어요.
강력하고도 새로운 기술과 장비가 없다면 불가능할지도 몰라요.
만약 여러분이 도전하기를 좋아한다면, 직접 참여할 수도 있겠지요!

미국 항공 우주국은 현재의 로켓 기술로 우주 비행사가
화성에 가려면 9개월이 걸릴 것으로 가늠해요.

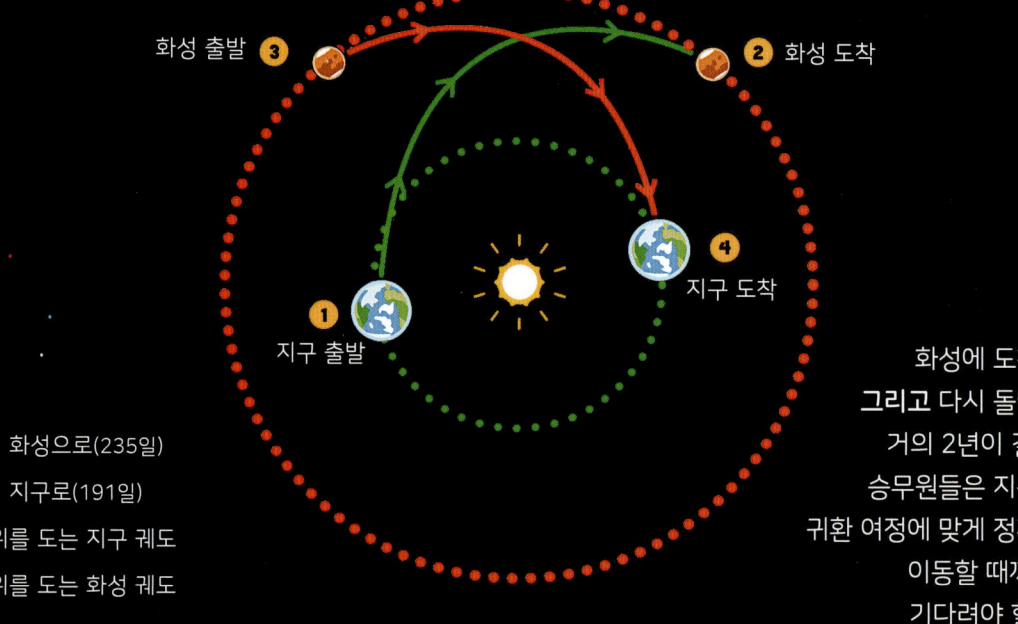

③ 화성 출발 ② 화성 도착
① 지구 출발 ④ 지구 도착

— 지구에서 화성으로(235일)
— 화성에서 지구로(191일)
• • 태양 주위를 도는 지구 궤도
• • 태양 주위를 도는 화성 궤도

화성에 도착하기 위해 **그리고 다시 돌아오기 위해** 거의 2년이 걸릴 거예요. 승무원들은 지구와 화성이 귀환 여정에 맞게 정확한 위치로 이동할 때까지 몇 달을 기다려야 할 테니까요.

공학자들은 더 빠르고 효율적으로 이동할 길을 찾기 위해 애쓰고 있어요.
어떤 공학자들은 연료 종류를 바꿔 보려고 연구하고 있지요.

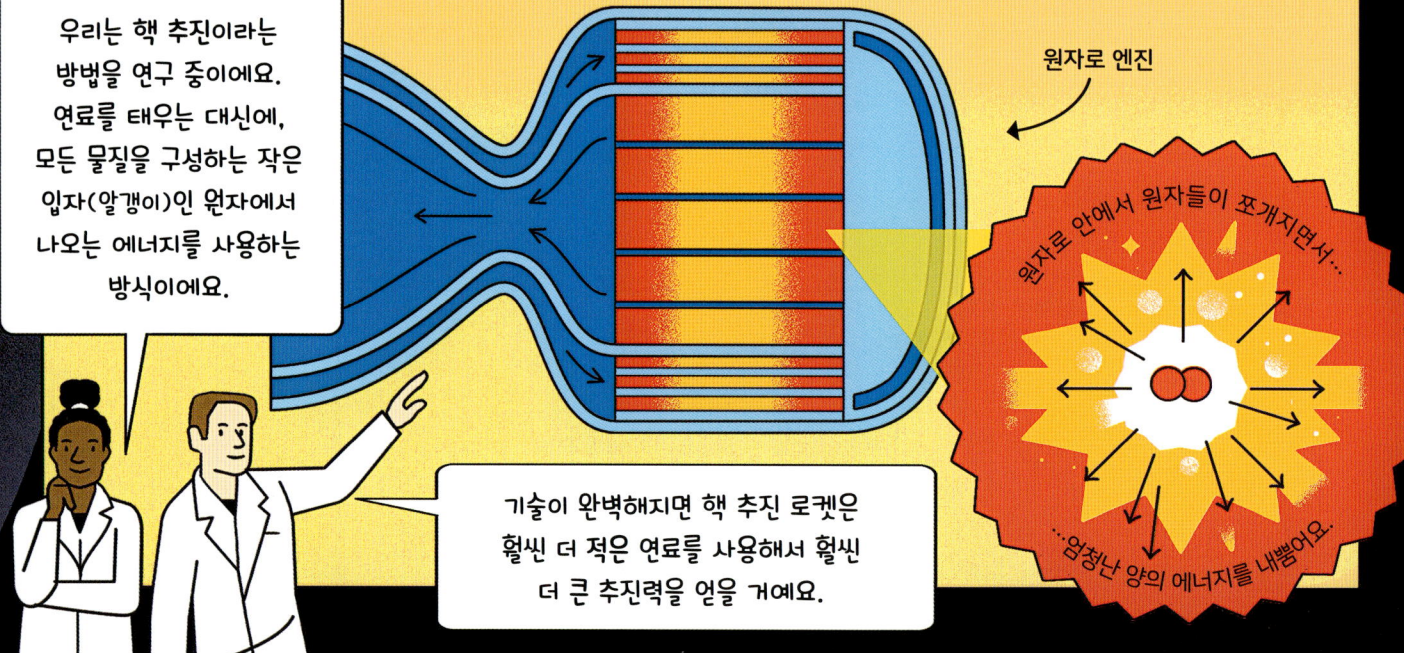

우리는 핵 추진이라는 방법을 연구 중이에요. 연료를 태우는 대신에, 모든 물질을 구성하는 작은 입자(알갱이)인 원자에서 나오는 에너지를 사용하는 방식이에요.

원자로 엔진

원자로 안에서 원자들이 쪼개지면서…
…엄청난 양의 에너지를 내뿜어요.

기술이 완벽해지면 핵 추진 로켓은 훨씬 더 적은 연료를 사용해서 훨씬 더 큰 추진력을 얻을 거예요.

화성 너머로

달과 화성 **너머로** 펼쳐지는 우주에 관심이 있나요?
우주에는 우주 비행사가 갈 수 없는 곳이 많아요.
하지만 그런 곳을 바쁘게 연구하는 사람들도 있어요.

천문학자는 지구의 대기 너머에 있는
행성을 비롯한 모든 것을
연구하는 과학자예요.

우리 팀은 행성 가까이
날아간 기기들이
보내 온 데이터로
화성을 연구해요.

나는 외계 행성학자예요.
태양계 바깥에 있는
행성을 찾는 천문학자예요.

천문학자와 **소프트웨어 공학자**는 행성을
구체적으로 재현하는 컴퓨터 프로그램을 만들어요.

이 코드는 목성의 기후
모델을 나타낼 거예요.

저기 소용돌이치는
폭풍을 보세요!

우주 탐사선

과학자와 공학자는 가까운 행성 너머 우주에 대한 지식을 얻기 위해 **무인 우주 탐사선**을 보내요.

여러 과학자와 우주 비행 관제 센터가 우주 탐사를 계획하자, 항공 우주 공학자들이 탐사선을 설계하기 시작했어요. 주의 깊게 시험하고 꼼꼼하게 계획을 세워야 하는 일이지요.

우주는 해로운 방사선으로 가득해요. 방사선을 막아 주는 특수 재질로 만드는 탐사선을 설계하고 있어요.

나는 위험한 우주 먼지와 쓰레기로부터 탐사선을 보호할 방법을 시험하고 있어요.

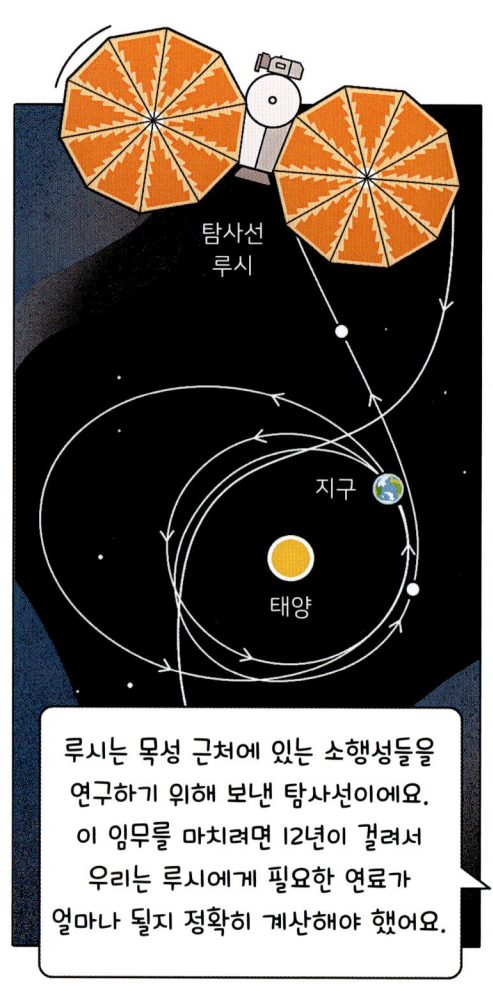

탐사선 루시

지구

태양

루시는 목성 근처에 있는 소행성들을 연구하기 위해 보낸 탐사선이에요. 이 임무를 마치려면 12년이 걸려서 우리는 루시에게 필요한 연료가 얼마나 될지 정확히 계산해야 했어요.

그 밖에 항공 우주 공학자들은 탐사선을 싣고 갈 로켓을 만들어요.

아디트야-L1 탐사선

이 로켓은 태양을 연구할 탐사선을 싣고 가고 있어요.

발사된 뒤에는 고도로 훈련된 **조종사** 팀이 지구에서 탐사선을 조종해요.

반동 추진 엔진

혜성

조종사들은 소형 로켓 엔진인 반동 추진 엔진을 원격으로 가동하며 탐사선을 조종해요.

탐사선을 감독하려면 탐사선이 충돌하지 않도록 정확히 측정하고 계산하는 일을 끊임없이 반복해야 해요.

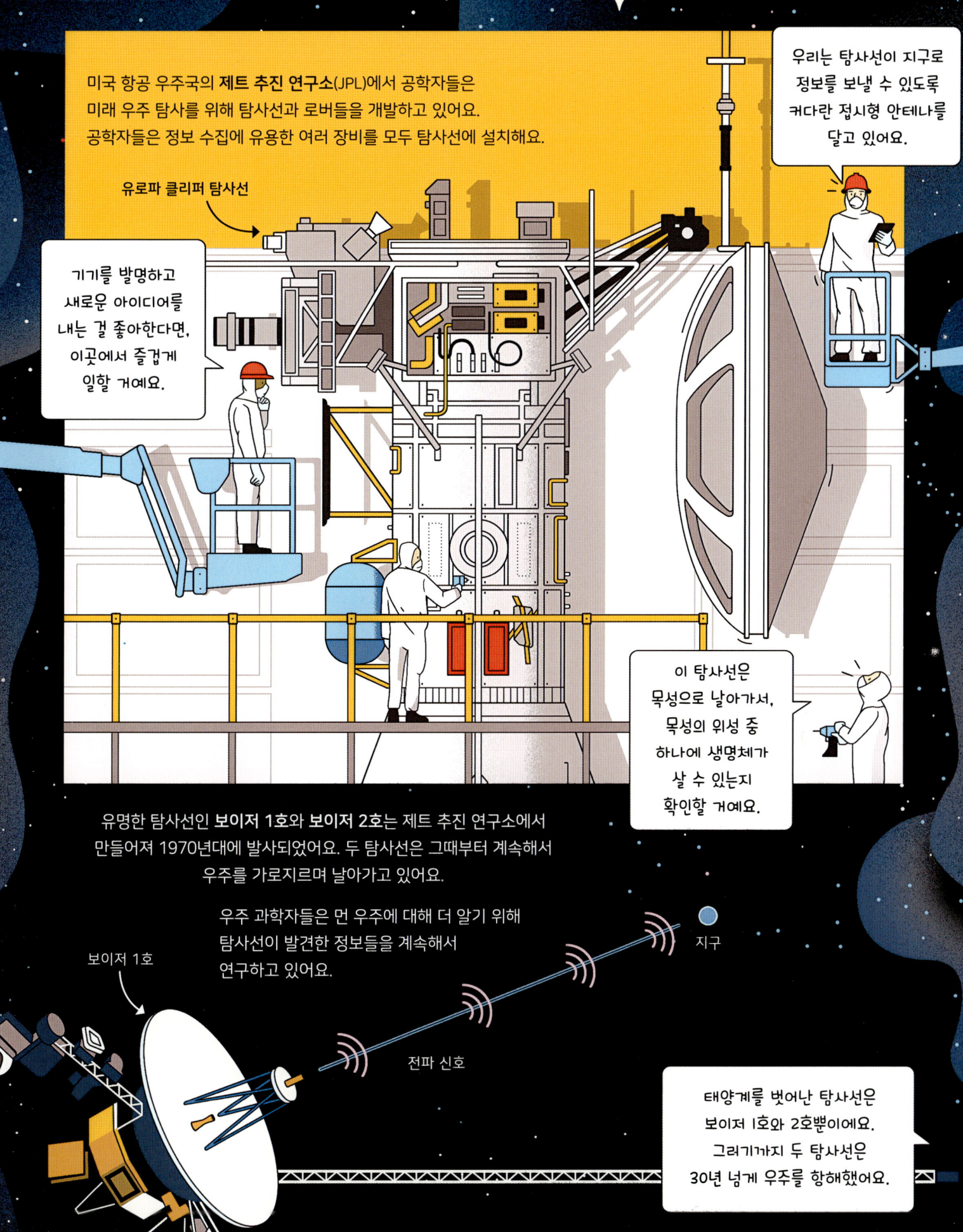

우주 비행사가 되려면 무엇을 해야 할까요?

여러분은 언젠가 우주 비행사가 되기를, 또는 우주와 관련된 수많은 일 가운데 하나를 하게 되기를 진심으로 바랄지도 몰라요. 그런데 어디서부터 시작해야 할까요?

우주에 관해 많이 읽고 많이 배워요. 동네 도서관이나 서점을 방문하거나, 온라인에 접속해 찾아봐요.

우주 비행사를 포함하여 우주와 관련된 일을 하기 위해서는 학교에서든 학교 밖에서든 과학과 수학과 공학을 공부해야 해요.

소통을 잘하고 팀워크를 기르기 위해 동아리 활동을 하거나 스포츠 팀에 들어가요. 소통과 팀워크는 우주 비행사와 그 밖에 우주 관련 활동에 정말 중요해요.

미래 우주 비행사에게 유용한 기술

이제 우주 비행사가 무슨 일을 하는지 알았으니 유용한 기술을 익히도록 노력해요.

  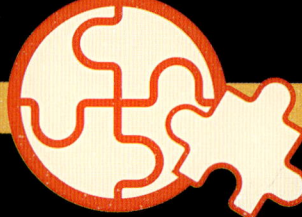 

협동　　　　　언어　　　　　문제 해결　　　　　수리

만약 **우주 과학**에 흥미를 느낀다면 과학적으로 생각하도록 노력해요. 우주에 관해 질문하고, 우주가 어떤 원리로 작동하는지를 알아가요.

우주 비행사가 되고 싶다면 우주 정거장에서의 생활이 어떤지 영상이나 책을 통해 알아볼 수 있어요. 그리고 로켓이 발사되는 순간을 담은 실시간 영상도 찾아봐요.

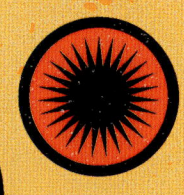

과학 박물관과 천문대를 찾아가 더 많은 걸 살펴봐요. 망원경으로 우주를 볼 수도 있을 거예요.

우주에 가려면 체력이 강해야 해요. 그러니 다양한 스포츠 활동을 경험해서 자신이 진짜 즐길 수 있는 운동을 찾아요.

우주 관련 정보와 활동을 더 많이 찾아보고 싶나요?

QR코드를 스캔해서 usborne.com/quicklinks에 방문해 보세요.

관찰과 기록

생존 기술과 리더십

수영을 비롯한 운동 능력

집중력과 꼼꼼함

어떤 직업을 가지면 좋을까요?

이 책에 나온 수많은 우주 관련 직업 중 어떤 역할이 나와 가장 잘 맞을지 모르겠다고요? 아래 질문에 스스로 답해 보아요.

우주 산업 분야 직업

이 책에 소개된 우주 관련 직업을 모두 모았어요.

고장 분석가는 우주선의 구조에 생긴 문제는 무엇이든 살펴봐요.

기계 공학자는 우주선과 그 밖의 우주 기술을 설계하고 만들어요.

로봇 공학자는 우주 탐사용 로봇을 설계해요.

망원경 공학자는 우주를 연구하기 위해 망원경을 설계해요.

발사 감독관은 발사 팀의 총책임자예요.

발사 관제사와 기술자는 우주선 발사를 감독해요.

비행 감독관은 비행 관제사 팀의 총책임자예요.

비행 관제사는 우주 비행을 감독하고 우주 정거장을 운영해요.

비행 역학 담당자는 우주선의 비행 경로를 짜고 추적해요.

생의학 과학자는 우주에서 살아 있는 인간 세포를 연구해요.

생의학 담당자는 우주 비행사들이 건강하도록 돌봐요.

성능 시험 공학자는 우주선이 우주 비행에 필요한 사항들을 잘 처리하는지 점검해요.

소프트웨어 공학자는 우주선과 우주 과학을 위한 컴퓨터 프로그램을 만들어요.

식품 과학자는 우주 비행사가 우주에서 먹을 식단을 짜고 음식을 포장해요.

심리학자는 다른 행성에서 사는 것이 사람에게 어떤 영향을 끼칠지를 연구해요.

연료 기술자는 로켓에 연료를 실어요.

외계 행성학자는 태양계 바깥에 존재하는 행성들을 찾아요.

우주 건축가는 우주 거주지를 설계해요.

우주 법률가는 우주에 관련된 규칙을 다뤄요.

우주 비행사는 우주선을 타고 우주로 가서 여러 가지 임무를 맡아요.

우주 생물학자는 우주가 다양한 생물에게 어떤 영향을 끼치는지를 연구해요.

우주 식물학자는 우주에서 식물을 키우려고 노력해요.

우주 역학 전문가는 우주선이 다양한 힘에 어떻게 영향받는지를 연구해요.

우주 유영 담당자는 우주 유영을 계획하고 통솔해요.

우주복 기술자는 우주 비행사가 우주복을 입는 것을 도와요.

우주복 디자이너는 우주 비행사의 우주복을 디자인해요.

의사는 우주 비행사들이 우주 탐사를 가기 전과 후에 건강 상태를 확인해요.

인공 지능 공학자는 로버가 스스로 생각할 수 있게 프로그램을 짜요.

잠수 전문가는 우주 비행사들의 물속 훈련을 도와요.

재료 과학 전문가는 우주선을 만들기에 가장 좋은 재료를 알아내요.

전문 훈련 교관은 우주 비행사 훈련생들에게 체력 훈련을 시키고, 생존 방법과 언어를 가르쳐요.

조종사는 탐사선이 우주에서 움직이도록 조종해요.

지상 연락원은 우주 비행을 하는 동안 우주 비행사와 통신해요.

천문학자는 별과 행성과 그 밖에 우주에서 발견된 모든 것을 연구해요.

추진 담당자는 우주선의 엔진이 제대로 작동하는지 확인해요.

컴퓨터 공학자와 기술자는 우주선에 적용할 컴퓨터 시스템을 설계하고 만들어요.

항공 우주 공학자는 우주선과 로켓을 설계해요.

항공 전자 공학 전문가는 우주선을 위한 전기 시스템을 설계해요.

훈련 관리자는 새로운 우주 장비와 훈련생들의 훈련을 지켜보고 감독해요.

찾아보기

ㄱ
건강 11, 41, 43, 45, 55, 60, 63, 69, 77
게임 33, 46
고장 분석가 29, 77, 78
과학 커뮤니케이터 61, 77
구조팀 12-13, 57
궤도 7, 10, 16, 39, 43, 64, 68
궤도 역학 10, 39
국제 우주 정거장 6-7, 14, 37, 39, 42-43, 51, 54-55, 56-57, 58
기계 공학자 23, 25, 26-27, 32, 77, 78
기상학 10
기초 훈련 10-11, 13, 61

ㄴ
낙하산 11, 13, 60
날씨 10, 33, 70
내비게이션 24

ㄷ
달 6, 15, 59, 63, 64-65
달 베이스캠프 64
달 탐사 15, 64-65
도킹 26, 39, 42
동식물 연구가 53, 57

ㄹ
로버 63, 65, 66-67, 73, 77
로보넛 59
로봇 42, 58-59, 63, 66-67
로봇 공학자 53, 58, 66, 77, 78
로스코스모스 7
로켓 10, 23, 24-25, 27, 28, 31, 32, 34-35, 36-37, 38, 68, 72, 75, 77
발사 10, 28, 32, 34-35, 38
연료 25, 31, 34, 38, 68-69, 72

ㅁ
마스 듄 알파 69
망원경 71, 75
목성 70, 72-73
미국 항공 우주국 6, 14, 25, 33, 44, 65, 67, 68-69, 73
미세 중력 16-17, 18, 44-45, 46-47, 48, 54-55, 56

ㅂ
바다 13, 20-21, 28, 60
발사 감독관 35, 78
발사 관제사 31, 33, 35, 76, 78
발사 기술자 31, 32, 78
발키리 59
불 11, 12, 54
비행기 9, 11, 17, 26
비행 감독관 36, 78
비행 관제 36-37, 38-39, 43, 51, 60, 72
비행 관제사 31, 36-37, 38-39, 41, 43, 51, 65, 76, 78
비행 역학 담당자 36, 39, 78

ㅅ
사막 연구 및 기술 개발 센터 65
사진 11, 57, 67
생리학 10
생의학 과학자 55, 78
생의학 담당자 41, 43, 77, 78
생존 기술 12-13, 75
생존 전문가 12, 76
선외 활동용 우주복 15
성능 시험 공학자 19, 23, 28-29, 77, 78
셰이커 28
소프트웨어 공학자 70, 78
수영 10, 13, 75
수중 훈련 9, 13, 18-19, 20-21
쉬기 46
슈퍼 구피 26
승무원 탑승선 15, 24-25, 26, 28-29, 33, 34, 38-39
식물 54, 56, 64, 69
식품 과학자 41, 49, 77, 78
실험 15, 53, 54-55, 56-57, 58, 64, 69, 76
심리학자 63, 69, 77, 78
심화 훈련 14-15
씻기 47

ㅇ
아르테미스 프로젝트 64
아쿠아리우스 20-21
암흑 물질 71
애스트로비 58
언어 10
연료 기술자 31, 34, 78
완보동물 56
외계 행성학자 70, 77, 78
우주 건축가 63, 69, 77, 78
우주 법률가 71, 77, 78
우주 비행 관제 센터 36-37, 38-39, 43, 51, 60, 72
우주 생물학자 53, 56, 77, 78

우주 시뮬레이터 29
우주 식물학자 53, 56, 77, 78
우주 역학 전문가 24, 78
우주 유영 18, 41, 50-51, 69
우주 유영 담당자 41, 50-51, 78
우주복 15, 31, 33, 41, 50-51, 60, 65
우주복 디자이너 9, 15, 41, 50, 77, 78
우주복 기술자 31, 33, 78
우주선 6, 10-11, 14-15, 18-19, 23, 24-25, 26-27, 28-29, 31, 32-33, 34-35, 36-37, 38-39, 42, 50, 58, 60, 64, 66
   도킹 39, 42
   비행 시험 28-29
   조립 공장 25, 26
우주선 실물 모형 시설 14-15
유럽 우주국 6
음식 12, 41-42, 48-49, 56, 69
의사 58, 60, 69, 77, 78
인공 지능 공학자 63, 67, 77, 78
인저뉴어티 67
인터뷰 11, 61
일본 우주 항공 연구 개발 기구 7

ㅈ

잠 34, 47, 58, 65
잠수 전문가 9, 18-19, 76, 78

재료 과학 전문가 24
제트 추진 연구소 73
조립 공장 25, 26
조종사 63, 72, 76, 78
존슨 우주 센터 69
주룽 66
중국 국가 우주국 7
중앙 제어실 19
지구 과학자 53, 57
지상 연락원 37, 78

ㅊ

천문학자 63, 70, 71, 77, 78
체력 9, 10, 45, 75
체력 훈련 교관 9, 10, 45, 76, 78
추진 담당자 37, 78

ㅋ

컴퓨터 공학자 기술자 23, 24, 53, 58, 77, 78
코스모넛 7

ㅌ

탐사선 63, 72-73, 77
태양 24, 29, 68, 72

태양계 70, 73
태양 전지판 42, 64
토성 70
통신 21, 24, 33, 37, 51

ㅍ

퍼서비어런스 67

ㅎ

항공 우주 공학자 23, 24, 64, 72, 77, 78
항공 전자 공학 전문가 24, 78
핵 추진 68
홀로포팅 58
화성 15, 64, 66-67, 68-69, 70
화장실 14, 21, 44
훈련 관리자 19, 78
힘 16, 23, 24